La irrupción del reino de Dios

La irrupción del reino de Dios

Escritos esenciales de Eberhard Arnold

Selección e introducción de Johann Christoph Arnold

Plough Publishing House

Publicado por Plough Publishing House
Walden, Nueva York, Estados Unidos
Robertsbridge, Reino Unido
Elsmore, Australia
www.plough.com

978-0-87486-137-2

Título del original inglés (2000):
*Eberhard Arnold: Writings Selected
with an Introduction by Johann Christoph Arnold*
© 2000 Plough Publishing House, publicado por Orbis Books

Primera edición en español (2001):
Escritos Esenciales: Introcucción y edición de Johann Christoph Arnold
publicado por Editorial Sal Terrae

Traducción al español: María del Carmen Blanco Moreno
y Ramón Alfonso Díez Aragón
Corrección y edición: Raúl Serradell

Cuando no se indica otra versión de la Biblia,
las citas bíblicas se han tomado de la Nueva Versión Internacional,
© Biblica, 1999, 2015.

Un registro de este libro está disponible en el catálogo de la Biblioteca Británica.
Datos de catalogación de la publicación en la Biblioteca del Congreso

Names: Arnold, Eberhard, 1883-1935, author. | Arnold, Johann Christoph,
1940-2017, editor.
Title: La irrupción del reino de Dios : escritos esenciales de Eberhard
Arnold / Eberhard Arnold ; selección e introducción de Johann
Christoph Arnold.
Description: Walden, Nueva York, Estados Unidos : Plough Publishing House,
[2018] | Originally published as Eberhard Arnold (Maryknoll, N.Y. :
Orbis Books, 2000). | Includes bibliographical references.
Identifiers: LCCN 2019023747 (print) | LCCN 2019023748 (ebook) | ISBN
9780874861372 (paperback) | ISBN 9780874869835 (ebook)
Subjects: LCSH: Bruderhof Communities--Doctrines. | Spiritual
life--Bruderhof Communities.
Classification: LCC BX8129.B65 A7218218 (print) | LCC BX8129.B65 (ebook)
| DDC 289.7/3--dc23

Impreso en los Estados Unidos de América

La importancia de Arnold no se limita a su relativamente pequeña comunidad. Algún día toda la familia humana reconocerá lo que Eberhard Arnold significa para la renovación espiritual del hombre en estos tiempos oscuros y problemáticos. Dios lo envió como una luz en las tinieblas, para mostrar al hombre extraviado el camino recto y la meta verdadera.

— *Premysl Pitter,* Secretario General
de los Comunistas Cristianos, Praga, 1935

Contenido

Agradecimientos

Para que un libro, aunque sea pequeño como el presente, pueda nacer, se necesita el esfuerzo de muchos colaboradores. Entre las personas, a quienes hay que dar las gracias de manera especial, se encuentran los hermanos y hermanas de los archivos del *Bruderhof*, sin cuyo trabajo fiel y amoroso nunca se habrían conservado ni traducido los escritos de mi abuelo. También estoy en deuda con Robert Ellsberg, de Orbis Books, cuyo interés personal inspiró este proyecto desde el principio.

—*Johann Christoph Arnold*
julio de 1999

Introducción

Dichosos los que mueren en el Señor...
pues sus obras los acompañan.

Eberhard Arnold suscitó un gran interés como escritor y
conferenciante en su tiempo, pero sigue siendo en gran
parte un desconocido para la gente de nuestros días. Sin
embargo, un pequeño pero creciente número de lectores están descubriendo la importancia de su obra, que,
según palabras de Thomas Merton, «incita al arrepentimiento y a la renovación».

Aunque era mi abuelo, no llegué a conocerlo. Murió a
la edad de cincuenta y dos años, cinco años antes de que
yo naciera, pero siento como si siempre lo hubiera conocido, tanto por los brillantes recuerdos que mi abuela
guardaba de su vida con él, como por sus libros, bastante subrayados, que heredó mi padre.

Más que como escritor, filósofo y teólogo, Eberhard
Arnold fue querido sobre todo por su humildad, su
amistad paternal y su profunda fe. Nació en 1883, como
descendiente de varias generaciones de profesores universitarios, pero su vida fue muy poco convencional.
En un tiempo y lugar donde la Iglesia y el Estado no
estaban en modo alguno separados, renunció a lo que

podría haber sido una brillante carrera al dejar la iglesia estatal a la edad de veinticinco años. A los treinta y siete ya había abandonado por completo la vida de clase media. Y pasó los últimos quince años de su vida en el *Bruderhof* (literalmente: «lugar de hermanos»), la comunidad religiosa que había fundado en 1920; pero mantuvo su actividad —con viajes, conferencias y escritos— hasta el momento de su muerte en 1935.

Los lectores de nuestros días tienen acceso a una parte muy pequeña de sus escritos: en inglés solo se ha publicado un reducido número de los miles de ensayos, charlas y cartas que nos legó. En cierto modo, sin embargo, esto no habría sido para él causa de consternación: especialmente hacia el final de su vida, hablaba a menudo de sus incapacidades y señalaba, en cambio, la actuación del Espíritu Santo. No obstante, no podemos dejar que su testimonio, por pequeño que sea, pase desapercibido. Sus intuiciones sobre la condición humana son hoy tan importantes como lo fueron a principios de la década de 1920, y su llamado al discipulado suena hoy tan auténtico como entonces.

¿Cuál fue su mensaje y cómo llegó a su fe radical? La mejor respuesta son unas palabras que él mismo pronunció en 1933:

> En mi juventud traté de guiar a las personas a Jesús mediante el estudio de la Biblia y por medio de conferencias, charlas y debates. Pero llegó un momento en que comprendí que eso ya no era suficiente. Empecé

a ver el enorme poder de *mammona*,* de la discordia, del odio y de la espada: la bota cruel del opresor sobre el cuello de los oprimidos. Entendí que la dedicación al alma sola no cumplía todos los mandamientos de Jesús: él quería que cuidáramos también de los cuerpos de las personas.

De 1913 a 1917, mi esposa Emmy y yo buscamos penosamente una comprensión de la verdad. Poco antes del estallido de la guerra, le había escrito a un amigo diciéndole que no podía continuar. Había predicado el evangelio, pero sentía que tenía que hacer algo más. La causa de Jesús era algo más que un simple encuentro de almas individuales; ¡tenía que convertirse en una experiencia de vida verdadera y tangible! Por eso nos pusimos a buscar en todas partes: no solo en los escritos antiguos —en el Sermón del monte y otras Escrituras—, sino también en libros sobre la clase trabajadora y su opresión por el orden económico y social. Queríamos encontrar el camino de Jesús, de Francisco de Asís, el camino de los profetas.

Los años de la guerra trajeron consigo horrores inolvidables. A un joven oficial le amputaron las dos piernas. Cuando regresó a casa de su novia, esperando recibir el cuidado amoroso que tanto necesitaba de ella, esta le dijo que se había comprometido para casarse con un hombre con un cuerpo sano.

Después llegó a Berlín una época de hambre. La gente comía nabos por la mañana, por la tarde y por la noche.

---

* Aunque el Diccionario de la Real Academia Española (DRAE) registra este término como adjetivo, y como insulto en una de sus acepciones, los diccionarios bíblicos y teológicos, en distintos idiomas, lo definen a partir de sus raíces hebreas, arameas y griegas. *Mammona* se refiere a 'lo que es seguro', 'en lo que uno pone su confianza', es decir, riquezas, dinero o posesiones materiales, pero sobre todo al poder que ejercen para esclavizar a las personas y demandar de ellas una devoción absoluta. (N. del E.)

Y cuando pedían a las autoridades dinero o comida, les decían que comieran más nabos. Al mismo tiempo, las familias «cristianas» acomodadas que vivían en el centro de la ciudad podían criar vacas y beber la leche que producían. En 1917 pude ver cómo un caballo caía muerto en la calle. Los hombres que estaban cerca arrastraron con violencia al jinete y cortaron trozos de carne del cuerpo aún caliente del caballo; ¡tenían que llevar algo que comer a sus mujeres e hijos! Los niños muertos eran transportados por las calles envueltos en papel periódico; no había tiempo ni dinero para ataúdes.

Durante ese tiempo fue cuando visité a una mujer que vivía en el sótano de un edificio. El agua se filtraba por los muros, y la única ventana que había en la habitación estaba cerrada, porque daba a la calle. Padecía tuberculosis, pero no tenía medios para permanecer aislada; sus familiares vivían con ella en la misma habitación. Me ofrecí para encontrarle otro lugar donde vivir, pero no quiso: quería morir donde siempre había vivido. ¡Y su aspecto ya era el de un cadáver!

Poco a poco, Emmy y yo llegamos a ver con claridad que el camino de Jesús era práctico y tangible. Era algo más que la preocupación por el alma. Nos enseña, con toda sencillez: Si tienes dos mantos, da uno al que no tiene. Da comida al hambriento y no des la espalda al prójimo cuando te necesita. Cuando te pidan una hora de trabajo, ofrece dos. Lucha por la justicia. Si quieres casarte y formar una familia, entonces procura que los que te rodean puedan hacer lo mismo. Si buscas educación y trabajo, consigue que otros también puedan disponer de ello. Y si tu deber es cuidar tu propia salud, cumple también este deber con los otros. Trata a los demás como quieres que te traten a ti. Entra por la puerta estrecha, porque este es el único camino hacia el reino de Dios.

Comprendimos que teníamos que hacernos tan pobres como los mendigos y que, como Jesús, teníamos que tomar sobre nosotros mismos *todas* las necesidades de los seres humanos. Debíamos tener más hambre y sed de justicia que de pan y de agua. Sabíamos que seríamos perseguidos por causa de esta justicia, pero nuestra justicia sería mayor que la de los moralistas y los teólogos. Y estaríamos llenos del fuego que procede de lo alto: recibiríamos el Espíritu Santo.

Pero ya no podíamos seguir llevando por más tiempo la vida que estábamos viviendo.

Mi abuelo practicó lo que predicó, y hacia 1920 él y mi abuela, con cinco niños pequeños, abandonaron el acomodado barrio de Berlin-Steglitz para vivir en una ruinosa casa de campo en la cordillera del Rhön. Este paso fue mucho más que un simple cambio geográfico; fue un cambio radical de vida. Aunque los años siguientes iban a ser de extrema pobreza, los Arnold nunca volverían a echarse atrás por motivos económicos. El Sermón del monte no era un mero ideal, sino una forma de vida. A partir de ese momento, su casa estaría abierta a los desposeídos; sus vidas se consumirían en la solicitud no solo por las almas, sino también por los cuerpos.

Para sus amigos esto era una locura; para ellos era una «oportunidad para el amor y la alegría». Pero, por muy temerario que pueda parecer, su abandono de Berlín —como antes su salida de la iglesia estatal— fue un paso dado en la fe; o más bien, como mi abuela dijo muchas veces, un salto de fe:

No teníamos sustento económico de ninguna clase para realizar nuestros sueños de empezar una nueva vida. Pero eso no cambió nada. Era el momento de dar la espalda al pasado y empezar de nuevo ... de quemar todos nuestros puentes y poner toda nuestra confianza en Dios, como las aves del cielo y las flores del campo. Esta confianza iba a ser nuestro fundamento —a nuestro parecer, el fundamento más seguro— sobre el cual construir.

La búsqueda espiritual de Eberhard había empezado años antes, cuando, siendo adolescente y mientras pasaba unas vacaciones de verano en casa del primo de su madre, empezó a leer el Nuevo Testamento. Este pariente, un pastor luterano que se había puesto de parte de los tejedores locales durante un conflicto laboral, le produjo una profunda impresión. Antes de regresar a su casa, cayó en la cuenta de que su ropa era mejor que la de muchos de sus compañeros de clase, y de que sus padres, cuando daban una fiesta, invitaban solo a su grupo de acomodados profesores universitarios, y no a los pobres de la calle. Las preguntas que Eberhard hizo sobre estos asuntos provocaron la ira de su padre, pero eso no lo disuadió. ¿Acaso las palabras de Jesús eran solo una metáfora? Tarde o temprano tenía que descubrirlo.

En los años siguientes, se apartó también de sus condiscípulos: tomó tan en serio la fe recién descubierta que buscó a sus antiguos profesores y les pidió perdón por su comportamiento incorrecto y poco honrado. Pero, durante los años de estudiante universitario, su fervor ya no causó desconcierto: el avivamiento religioso de Dwight L. Moody se estaba adueñando de Alemania, y con el entusiasmo por esta causa Eberhard se granjeó pronto la popularidad como escritor y conferenciante.

Fue por esa época cuando conoció a mi abuela, Emmy von Hollander, a la que sus nietos llamábamos «Oma». Era hija de un profesor de derecho, compartía la procedencia social e intelectual de Eberhard y, como él, participó activamente en el avivamiento espiritual. Un mes después de conocerse, se prometieron en matrimonio. Y permanecieron juntos veintiocho años, hasta el momento de la muerte de mi abuelo.

Fue durante aquella época, en 1907, cuando la cuestión del bautismo se planteó como un tema central. Muchos adultos jóvenes sentían que su bautismo había hecho de ellos herederos de una cultura, pero no de una fe; y, como consecuencia, decidieron bautizarse de nuevo. Eberhard aconsejó a Emmy, como solía hacer en estos casos, que examinara todo en oración. Estas cuestiones eran complejas y requerían una atenta consideración:

> A mi juicio, es casi seguro que el bautismo de creyentes es bíblico, pero esta cuestión es complicada, y debemos examinarla lenta y objetivamente. No deberíamos decir nada mientras no hayamos alcanzado una claridad indiscutible. Busquemos con honradez y sin descanso la voluntad de Dios, y actuemos después en consecuencia. Cualquiera que sea nuestra decisión, no nos moveremos ni un milímetro del centro. Lo que necesitamos es a Jesús, ¡y nada más!

Al final, el estudio concienzudo llevó a la joven pareja al convencimiento de que el bautismo querido por Jesús era un bautismo de creyentes adultos, no de niños, y ambos fueron bautizados en 1908.

Las consecuencias se hicieron notar rápidamente: a Eberhard se le negó la oportunidad de presentarse a sus exámenes de teología y se le prohibió ver a Emmy durante un año. Este castigo fue doloroso, pero él y Emmy no se esperaban otra cosa. Su bautismo fue una declaración de guerra contra la iglesia del Estado, lo cual no era ninguna minucia, y menos aún para un joven cuyo padre era profesor de historia de la iglesia y cuyo apellido era sinónimo de «buena sociedad». Pero, como siempre, él exhortó a Emmy a perseverar en la fe:

> Esta decisión trascendental dará a nuestra vida una dirección claramente definida, cargada de sufrimiento ... Solo el Señor sabe lo que sucederá, pero esto es suficiente. ¡Tengo la certeza de que Jesús nos guiará de una manera excelente!

Los años siguientes fueron agitados. Eberhard se vio obligado a cambiar su carrera por el estudio de la filosofía. Escribió su tesis sobre Nietzsche y obtuvo el grado de doctor en 1909. Contrajo matrimonio con Emmy aquel mismo año, y su casa pronto se convirtió en lugar de reunión para toda clase de escritores, estudiantes y radicales.

La guerra estalló en 1914 y, aunque Eberhard fue llamado al frente, lo eximieron al cabo de unas semanas por causa de la tuberculosis que padecía. De todas formas, defendió la causa de la guerra con fervor nacionalista, publicando propaganda como jefe de redacción recién contratado de una revista dirigida por uno de sus amigos de la juventud. Sin embargo, a medida que la guerra se extendió, se sintió cada vez más decepcionado, y hacia 1917 ya era un pacifista convencido.

Desde antes, su preocupación principal había sido el cuidado del alma, como muestra esta exposición sobre los fines últimos de su trabajo literario:

El nombre de nuestra casa editorial, *Die Furche* [«El surco»] debería ser una poderosa advertencia para la profundización interior. Un surco es algo que hay que abrir y arar. No se puede sembrar si antes no se abre el surco. La siembra realizada solo puede dar fruto allí donde el arado de Dios ha puesto al descubierto la vida interior. La profundización en la vida interior solo se puede llevar a cabo si se ara con el arrepentimiento —esa revolución y reevaluación interior que conduce a la *metanoia*—, una transformación fundamental de la mente y del corazón.

Pero no todos compartían sus ideas, y durante los dos años siguientes resultó claro para él que su llamado ya no era el mismo que el de la casa editorial. Hacia 1919, su insistencia en que las enseñanzas de Cristo tenían que llevarse a la práctica en la vida diaria, provocó una controversia cada vez más fuerte con los directores de *Die Furche*. Emmy escribe:

Siempre había tensiones en el trabajo. Todos podían apreciar la confusión de los jóvenes, resultado de los sufrimientos de la guerra y la confusión de la revolución. Pero, mientras algunos querían hacer que los jóvenes volvieran al camino trillado del pietismo, otros —Eberhard entre ellos— veían los acontecimientos públicos de una manera totalmente nueva. Habían aprendido una lección de las escandalosas desigualdades entre ricos y pobres, de la psicosis de guerra que con tanto padecimiento habían observado. Ellos creían que tenían que recorrer un camino totalmente distinto: el camino de Jesús, el camino del Sermón del monte.

Los años siguientes trajeron consigo un cambio social general. Al igual que los *hippies* americanos se rebelaron contra la opulencia egoísta de sus padres durante la guerra de Vietnam, los jóvenes en los años de la república de Weimar volvieron la espalda al conservadurismo social y a las pretensiones aristocráticas del fracasado imperio prusiano.

Miles de ellos abandonaron la ciudad para ir a vivir al campo, vagando por granjas y montañas en su búsqueda de la verdad y del sentido de la vida. Sus procedencias eran diversas y no compartían las mismas ideas, pero sí tenían en común la creencia en que las estructuras y convenciones antiguas tenían que morir y dar paso, finalmente, a algo nuevo. Y aunque muchos de ellos pronto cayeron en el hedonismo y la decadencia moral que caracterizaron los años de la posguerra, otros, como mis abuelos, vieron en el Movimiento Juvenil* una afirmación de su búsqueda espiritual de totalidad.

El Movimiento Juvenil buscó respuestas a las preguntas de la vida en la simplicidad de la vida rural, en los árboles, montañas y praderas, en la poesía y literatura de los románticos. Rechazaron el craso materialismo de las ciudades, en favor de la vida rural, con los sencillos placeres de los bailes populares y las caminatas, y dieron la espalda a la esterilidad de la vida en las fábricas para

---

* Se trata del Movimiento Juvenil Libre de Alemania, de principios de la década de 1920, y no de las Juventudes Hitlerianas de mediados de la década de 1930.

abrazar el trabajo duro —y el hedor— de las granjas. Para ellos la ruina de la civilización, tal como la habían conocido, era la prueba de que la humanidad necesitaba de la naturaleza y de Dios.

Pero fue la cuestión de la separación entre lo espiritual y lo material lo que produjo el nacimiento de Sannerz, la comunidad religiosa que mis abuelos fundaron en 1920. Para ellos la vida no se podía vivir en fragmentos. Todo estaba conectado: trabajo y esparcimiento, familia y amigos, religión y política: todas estas realidades tenían que convertirse en una sola cosa. El arrepentimiento no podía producir el cambio en una de las áreas sin afectar las otras. Y si se quería que una esfera de la vida se viese influida y modelada por Dios, entonces todas las demás esferas tenían que verse también influidas por Dios.

Fue este descubrimiento lo que los llevó a abandonar Berlín para emprender una nueva vida en la empobrecida región agrícola y ganadera de Fulda y abrir sus puertas a músicos, artistas, anarquistas y vagabundos. Si los cristianos del siglo I pudieron vivir las palabras de Jesús, estas también podían vivirse en el siglo XX; si Cristo pudo derramar su Espíritu sobre la tierra hace dos mil años, también podía hacerlo en la actualidad. Esta era su fe cuando se aventuraron a fundar una comunidad de trabajo y de bienes: una vida en la que todo pertenecía a todos y a ninguno.

Esta determinación de aplicar el evangelio de manera práctica llevó a mi abuelo a presentar su renuncia irrevocable en *Die Furche* durante la primavera de 1920. En junio del mismo año, él y mi abuela se habían mudado a unas humildes habitaciones del Gasthaus Lotzenius, una posada de la pequeña aldea de Sannerz.

Con todo, al cabo de unas semanas mi abuelo empezó a publicar de nuevo. No tenía dinero y apenas contaba con un personal muy reducido, pero se sentía empujado a difundir tan ampliamente como fuera posible las verdades que él y mi abuela, con el pequeño círculo de personas que se reunían en torno a ellos en Sannerz, habían empezado a descubrir. Eberhard formuló sus pensamientos aquel mes de agosto de la manera siguiente:

> La tarea y misión de nuestro trabajo editorial es proclamar la renovación de vida, hacer un llamado a las gentes para que realicen las acciones de Cristo; propagar el pensamiento de Jesús en medio de la confusión social y nacional; poner en práctica el cristianismo en la vida pública; dar testimonio de la acción de Dios en la historia presente. No es una cuestión eclesial; es una cuestión espiritual. Tenemos que descubrir las fuerzas más profundas del cristianismo y reconocerlas como indispensables en la solución de los problemas cruciales de la cultura contemporánea. Con amplitud de visión y enérgico atrevimiento, nuestra casa editorial se introducirá en el torrente del pensamiento de nuestros días. Su trabajo en ámbitos que son aparentemente neutrales en materia religiosa resultará en relaciones que nos conducirán a las tareas más importantes en nuestra vida.

Ya en esta etapa, mi abuelo era un escritor conocido. Había escrito muchos libros y artículos y tenía ideas claras para proyectos aún más ambiciosos. Aparte de escribir y pronunciar conferencias continuamente, planeaba publicar una serie de libros dedicados a Zinzendorf, Kierkegaard, Agustín y Dostoievsky, y otros consagrados a las místicas alemanas, a Tertuliano y a los cristianos de los siglos I y II.

Sin embargo, en el mes de septiembre su coeditor, Otto Herpel, renunció, incapaz de dar su visto bueno a un documento en el que se afirmaba que en la nueva empresa editorial solo tendrían cabida aquellos escritores cuyos artículos estuvieran escritos «en Cristo, de Cristo y para Cristo». Incluso para sus mejores amigos, Eberhard se había vuelto «demasiado pietista».

Pero él apenas se desalentó por estas contrariedades y se entregó de una manera aún más febril a la tarea de construir Sannerz y la casa editorial. Él mismo afirmó que una aparente derrota frente al socialismo partisano y la política religiosa era: «de hecho, una victoria para el espíritu determinante del Sermón del monte».

Sannerz creció rápidamente en los dos años siguientes. La empresa funcionaba relativamente bien, y se escribieron, editaron y distribuyeron docenas de artículos, folletos y libros. Ahora bien, el trabajo editorial era solo una parte de la misión de la comunidad. Los fundadores de Sannerz estaban plenamente convencidos de que la comunidad era la solución a todas las cuestiones de la vida; la vida comunitaria hacía frente y daba plena respuesta a todos los asuntos económicos, sociales, educativos, políticos y sexuales. Más aún, la producción editorial de los primeros años de Sannerz fue asombrosa, si se tienen en cuenta tanto las interrupciones de los dos mil visitantes que llegaron en 1921 como el trabajo que había que realizar en la granja y las tareas domésticas.

Pero en el verano de 1922 surgieron problemas: mientras estaba de viaje en Holanda le comunicaron a Eberhard por teléfono que los socios de su joven editorial se habían reunido para liquidar la empresa. Le acusaban de irresponsabilidad financiera, idealismo e incluso fraude.

La crisis estalló en torno a la administración de la editorial de la comunidad. Mis abuelos habían dejado Sannerz unas semanas antes para visitar una comunidad hermana en Holanda; pero, mientras ellos estaban fuera, la inflación se había disparado de repente, y les reclamaron de improviso el pago de los préstamos que no habían sido devengados durante meses. Los miembros de la comunidad de Sannerz fueron presa del pánico, pero mis abuelos les aconsejaron que mantuvieran la calma interior. Para ellos las palabras de Jesús sobre los lirios y las aves no eran mera poesía, sino un mandato para la vida de los discípulos.

Al final, un amigo les sorprendió con un gran sobre de florines que, cuando los cambiaron en marcos, resultaron ser la cantidad exacta que se debía al banco el día siguiente. La inflación había estado de su parte, y mucho más importante, su fe había sido recompensada. Sin embargo, cuando regresaron a casa descubrieron que la editorial había sido liquidada por los mismos amigos que habían dejado a su cargo.

Unas semanas después, más de cuarenta personas abandonaron Sannerz, todas ellas firmemente convencidas de que no se podía ni se debía mezclar los asuntos espirituales con los temporales. El «experimento» había terminado: la gente era demasiado débil, demasiado humana, demasiado egoísta para vivir por la fe. Pero para mis abuelos Sannerz no había sido un experimento: era un llamado, y ellos se mantendrían aferrados a él.

Al cabo de unas semanas, se produjo una ruptura completa entre aquellos para quienes la fe era un mero ideal y aquellos otros para quienes era una realidad viva que debía determinar todas y cada una de las decisiones y acciones.

Además de romper el círculo existente en Sannerz, los que se marcharon dividieron la casa editorial. Se llevaron consigo equipo de oficina y algunos de los libros más vendidos, incluida la revista, que ellos empezaron a publicar con un nombre nuevo solo unos meses más tarde.

La crisis fue especialmente dolorosa, debido a las amargas y calumniosas acusaciones con las que muchas personas abandonaron Sannerz. Pero, como reconoció uno de los accionistas durante los procedimientos de liquidación en agosto, Eberhard no había hecho nada fraudulento; todo se reducía a una cuestión de fe frente a las consideraciones económicas: «Lo que separa a Eberhard Arnold del resto de nosotros es su convencimiento de que la fe tiene que determinar *todas* las relaciones, incluidas las económicas».

Algunos años después, un periódico vienés mostró su acuerdo con esta idea cuando afirmó que Eberhard Arnold fue uno de los pocos editores que no solo publicaron libros religiosos, sino que se atrevieron a aplicar su mensaje en su propia vida. Este era el corazón de su visión. Lo espiritual tiene que penetrar y transformar lo material, porque Cristo no quería solo palabras, sino hechos: «Sean hacedores de la palabra y no solamente oidores» (NBLH).

Así pues, mis abuelos rechazaron la idea de que su comunidad era una escapatoria, de que se habían aislado de los problemas de la sociedad. Es cierto que quienes se incorporaron a Sannerz se habían apartado de la corriente principal de la vida moderna, pero solo en la medida necesaria para poder vivir libres de sus trabas. Su meta última era permanecer como un correctivo en un mundo que había fracasado gravemente: para ser, como dijo Jesús, sal y luz.

No obstante, mi abuelo nunca se consideró a sí mismo insustituible ni plenamente capacitado. Su discipulado fue sin componendas, pero nunca se creyó autosuficiente; se veía a sí mismo únicamente como servidor de una causa más grande. Siempre buscó la verdad en los demás, y veía la comunidad que dirigía, no como un estilo de vida o una institución, sino como un movimiento libre impulsado por el viento del Espíritu Santo, que moriría si carecía de él. Tiempo después, al mirar retrospectivamente los primeros años en Sannerz, dijo:

> En aquel momento, ninguno de nosotros era tan estrecho de miras como para dejar de apreciar la obra de Dios en otras personas y en otros movimientos espirituales. Quizá nuestro peligro estaba más bien en la dirección contraria, a saber, que durante algún tiempo nos abstuvimos de expresar algunas intuiciones sobre la verdad última de Dios, a fin de evitar ejercer presión sobre personas que aún no habían sido despertadas o llamadas.
>
> Estábamos convencidos de que esas personas habían sido tocadas por Dios, y de que se encontraban en medio de un poderoso movimiento del corazón. Pero todavía no habían comprendido plenamente lo que Dios quería al sacudir sus almas, y por eso solo hablábamos

con ellas acerca de aquello que las conmovía en aquel momento. No les imponíamos cosas a las que sus corazones todavía no estaban abiertos.

Así sucedió que muchos movimientos espirituales acudieron a nuestro encuentro. Pero nosotros no éramos misioneros tan necios como para decir que el budismo era obra del diablo, o que Lao-Tse era el Anticristo. Admitíamos que el Espíritu de Dios había actuado en Buda y en Lao-Tse. Y precisamente porque lo reconocíamos así, nosotros mismos nos sentíamos animados por lo que ellos nos decían de Dios, aunque hablaran en lenguas extrañas.

De manera que no hablábamos de misión, en el sentido de salir al encuentro de la gente. Había tanta vida en la casa, tantas entradas y salidas, que nosotros éramos ya una estación de misión en medio de la caldeada Alemania. Pero nunca pensamos que nosotros éramos los convertidos, y los demás los que tenían que convertirse. Al contrario, reconocíamos que era el Espíritu Santo el que actuaba.

Las habitaciones en Sannerz estaban llenas de un poder que no procedía de nosotros ni de quienes nos visitaban. Era un poder que provenía de Dios. Los que acudían lo llevaban consigo, y ellos, a su vez, lo sentían en nosotros. Pero ni ellos ni nosotros poseíamos este poder, sino que nos rodeaba como un fluido invisible, como el viento del Espíritu que visitó a los apóstoles que esperaban en Pentecostés.

Este poder no se adhiere a personas particulares. Tampoco puede ser poseído, retenido firmemente, ni usado para obtener ganancias o beneficios. Era un acontecimiento, un hecho, un suceso; era historia. Era una manifestación de lo eterno y lo perdurable en el tiempo y en el espacio. Era una comunicación con una fuerza primigenia, que nosotros no habríamos podido explicar jamás de una manera humana o lógica. Este era el secreto de aquellos años. Lo que actuaba era algo más que una realidad física, algo que no se podía explicar en términos de emociones. Era algo espiritual, algo del Espíritu Santo.

Pero en aquella época jamás pensamos —¡nos habría parecido una especie de locura!— que solo personas como nosotros, o únicamente el puñado de personas que vivían en Sannerz, eran visitadas por el Espíritu de Dios o eran iluminadas por el Espíritu de Cristo. Por el contrario, sentíamos el soplo del Espíritu en todas las personas y en todos los lugares. Lo importante para nosotros era sentir este aliento de Dios y reconocerlo.

Nosotros mismos teníamos que vivir de acuerdo con el llamado que habíamos recibido a través de la vida y las palabras de Jesús, de la imagen profética del futuro reino de Dios. Teníamos que ser fieles a este llamado hasta el final. Creíamos que lo mejor que podíamos hacer era servir a todos aquellos que eran tocados por el aliento de Dios viviendo la realidad de nuestra causa última: la objetividad de la voluntad de Dios y el contenido y carácter de su reino.

Nos llamaban «amantes de la naturaleza» —la gente decía que queríamos «volver a la naturaleza»—, pero esto no era todo lo que nosotros queríamos. Por el contrario, nuestra mirada se dirigía más allá de la naturaleza misma, para contemplar a Dios actuando en ella. La realidad más grande en nuestro movimiento era que honrábamos al Creador en su creación. No éramos adoradores del sol, pero sí teníamos un sentimiento interior del simbolismo del sol y de la clase de Creador que tuvo que crearlo . . .

Podría parecer extraño que un grupo tan insignificante pudiera experimentar sentimientos tan elevados de paz y comunidad, pero así fue en realidad. Fue un don de Dios. Y solo hubo una antipatía vinculada a nuestro amor: el rechazo de los sistemas de civilización; el odio a las falsedades de la estratificación social; el antagonismo frente al espíritu de impureza; la oposición a la coerción moral del clero. La lucha que emprendimos fue una lucha contra esos espíritus extraños. Fue una lucha por el Espíritu de Dios y de Jesucristo.

Hacia 1931, el movimiento del corazón, que había barrido Alemania solo una década antes, estaba completamente agotado. Por eso mi abuelo decidió mirar mucho más lejos y visitar a los huteritas de Canadá y los Estados Unidos. Este grupo, cuyas raíces se remontan al siglo XVI en Moravia, todavía vivía en pequeñas comunidades en las que compartían todas las cosas en común. Quizá eran demasiado dogmáticos y de mentalidad excesivamente estrecha para su gusto, pero, en cualquier caso, representaban la forma más pura de cristianismo comunitario que él jamás había conocido. Por ello, después de un año de atenta consideración, decidió unirse a este movimiento, que contaba con cuatrocientos años de antigüedad.

Reconoció de manera inmediata el peligro de su pietismo conservador, pero insistió en que él no se sentía atraído por el huterianismo del siglo XX, sino por el del siglo XVI, aquel movimiento de fe del que habían surgido miles de mártires. Además, Eberhard nunca quiso fundar su propio movimiento, sino que una y otra vez trató de unirse con grupos de ideas parecidas. Hacia

1931, de alguna manera sintió que no le quedaba mucho tiempo de vida. Había visto el fracaso de numerosos intentos de vida comunitaria y se había sentido asombrado al descubrir que los huteritas todavía seguían viviendo en comunidad después de cuatrocientos años. Pensaba que la unión con ellos era una salvaguardia para el *Bruderhof.*

Eberhard escribió a propósito de sus experiencias en Norteamérica:

A pesar de su debilidad, que he puesto de manifiesto abiertamente, estas comunidades norteamericanas han conservado desde sus orígenes en el siglo XVI una vitalidad espiritual —una creatividad en el trabajo y la organización según unas directrices comunitarias— que procede del Espíritu Santo . . .

Mi impresión general es que la vida comunitaria de aquellas tres mil quinientas almas es algo extraordinariamente grande. Su espíritu de comunidad es auténtico, puro, claro y profundo. No hay nada en todo el mundo, ni en los libros y escritos, ni en ningún otro de los grupos actuales, que se pueda comparar con la esencia, el carácter y el espíritu de su hermandad . . .

Aunque soy perfectamente consciente de cuáles son nuestros orígenes, inspirados por el Movimiento Juvenil y el Sermón del monte, he decidido que unamos nuestras fuerzas con ellos. La cuestión de la ayuda económica es de naturaleza secundaria . . .

No obstante, a pesar de que mi abuelo adoptó con entusiasmo la espiritualidad de los primeros anabautistas, sus esperanzas de lograr una estrecha relación económica con los huteritas de Norteamérica nunca se materializaron, tanto por la gran distancia existente entre Alemania y Canadá como por su muerte prematura.

La primera de las dos redadas de la Gestapo tuvo lugar en 1933. Pero Eberhard no se sintió intimidado y envió una gran cantidad de documentos a los oficiales locales del régimen nazi, explicando su visión de una Alemania bajo Dios. Antes de su muerte en 1935, llegó incluso a escribir a Hitler urgiéndole que renunciara a los ideales del nacionalsocialismo y que, en lugar de ello, trabajara por el reino de Dios; y le envió un ejemplar de su libro *Innerland*. No es de extrañar que su carta nunca recibiera respuesta. Más adelante, toda la comunidad se exilió en Inglaterra y en Liechtenstein; hay que destacar que ni un solo miembro fue deportado a un campo de concentración.

La muerte de mi abuelo tuvo lugar de repente en 1935, a consecuencia de las complicaciones que siguieron a la amputación de una pierna gangrenosa. Pero, como escribió algunos años más tarde su amigo, el estudioso Hermann Buddensieg, él sigue todavía muy vivo:

> No te sorprendas de que hable contigo como si aún estuvieras junto a mí. Pues ¿qué sabe el presente de lo que está lejos? Tú no has muerto; no, tú estás vivo en el Espíritu...
>
> Y ahora estamos juntos de nuevo, amigo mío, en Sannerz, en el Rhön, y en mi estudio a orillas del Neckar.
>
> La gente viene y va, jóvenes y viejos buscan refugio en su necesidad. Están arropadas en sí mismas y son antinaturales, estrechas, rígidas e inmoderadas, sin una meta más allá de sí mismas. Y, sin embargo, tu

casa tiene las puertas abiertas; a nadie se le pregunta primero quién es...

Trabajamos en los campos y en casa. Juntos nos afanamos por lograr una comprensión de las personas y los acontecimientos que nos rodean. Veo el sagaz destello en tus ojos, tu sonrisa juguetona y tu graciosa barba, tu alegre carcajada cuando las peculiaridades de la vida humana se nos imponen. A menudo estamos cansados de conversaciones aburridas y vulgares, pero también nos reímos libremente y de corazón, de muy buena gana...

Este era tu don. Tu ingenio era conciso y expresivo, pero estaba libre de la venenosa hipocresía. Te desagradaba tanto la pesadez como la melosidad. En torno a ti no había un tufillo penetrante de «cristianismo», ni de exclusivismo o sentimentalismo. Buscar herejes era tan extraño para ti como la adicción a enderezar a cualquiera según tu propia voluntad. Valorabas a otras personas siempre que fueran serias, y te las arreglabas con los que no eran sinceros. Encontrabas una manera de llegar al campesino más obstinado y al «hombre de Dios» más terco. Eras un hermano para ellos cuando te necesitaban, y tu manera de obrar era en todo momento cariñosa, inspirada genuinamente por la confianza.

Viviste la vida desde el centro y desde la profundidad. No heredaste a Cristo de otros, sino que lo recibiste en la profundidad de tu encuentro y experiencia interior. Tú fuiste una de las personas realmente liberadas por Cristo, transformadas por él. Estuviste libre de angustia. Tu fe no era una mera aceptación de verdades ni una huida del miedo, sino certeza. Y, por consiguiente, no había en ti nada de cristianismo convencional, porque tú sabías justamente que Cristo no fue «cristiano».

Te opusiste a todas las apariencias, a todo fingimiento y a toda forma de superioridad moral. No te preocuparon los dogmas, sino más bien la vida de Cristo, la comunidad de hermanos y hermanas en el sentido de la iglesia primitiva.

Entendiste la humanidad tal y como es. No te hacías falsas ilusiones, pero tampoco incurrías en malentendidos. Conociste los poderes demoníacos y el peso de la época, pero no los experimentaste en un reconocimiento aislado, sino como un llamado comprometido para ayudar a tus hermanos.

Conociste el poder de la iglesia comunidad dentro de la gran corriente de un mundo completamente distinto. Pero nunca quisiste hacer adeptos. Cualquiera que fuera llamado, escuchaba y, de esta forma, acudía a ti; algunos para vivir contigo y tus amigos en comunidad; otros, tocados por tus intuiciones, para permanecer como buenos amigos . . .

¡Déjame abrazarte, amigo mío! Tú estás presente como testigo de la nueva vida en Cristo; eres un hombre generoso, un amigo de la libertad, un hermano que sabe amar; pero uno con determinación tan grande que disciernes y separas los espíritus.

Es indudable que Eberhard habría desaprobado este elocuente elogio, y por eso conviene que esta introducción termine con las palabras que él pronunció el día en que cumplió cincuenta años, en julio de 1933. Aquí ya no es solo mi abuelo quien habla, sino un hombre de Dios, una voz profética en un mundo que lo necesita ahora más que entonces:

En este día he estado especialmente consciente de mi falta de habilidad y de lo inadecuado de mi propia naturaleza para el trabajo que se me ha encomendado. Recuerdo cómo Dios me llamó cuando solo tenía dieciséis años y cómo me he interpuesto en su camino, con el resultado de que mucho de lo que él ha querido hacer por medio de sus instrumentos no ha sido posible. A pesar de todo, queda como un milagro que su obra se ha revelado y ha testificado poderosamente en nosotros, seres humanos débiles, y no debido a nuestros méritos, sino porque hemos sido aceptados una y otra vez mediante la gracia de Jesús y su perdón de pecados.

He tenido que pensar en el *Pastor de Hermas*, ese escritor cristiano primitivo que describe la construcción del gran templo, y en cómo se sigue refiriendo a las muchas piedras que deben desecharse. Los constructores hacen el intento de instalarlas en la construcción, pero si no se pueden usar, incluso después de que sus esquinas se han removido con severos golpes de cincel, entonces se deben desechar y arrojar lo más lejos posible. Pero incluso las piedras que se utilizan deben ser cinceladas muy fuertemente antes de que encajen y puedan colocarse en el muro . . .

Lo que me preocupa por encima de todo es la falta de poder de los seres humanos, incluso de las personas a las que se ha encomendado alguna tarea. Solo Dios es poderoso; nosotros somos completamente impotentes e incapaces. Incluso para realizar la obra que se nos ha encomendado carecemos totalmente de poder. Ni siquiera podemos colocar una sola piedra en la iglesia comunidad. No podemos brindar ninguna protección para la comunidad cuando se ha edificado. Ni siquiera podemos dedicar nada a la causa por nuestro propio poder. Carecemos por completo de poder. Pero justamente por ello Dios nos ha llamado, porque sabemos que no tenemos poder.

Resulta difícil describir cómo nuestro propio poder tiene que ser arrancado de nosotros, cómo nuestro poder debe ser desarraigado, desmantelado, derribado y descartado. Pero es preciso que suceda, y no sucederá fácilmente ni mediante una decisión heroica. Más bien es Dios quien tiene que hacerlo en nosotros.

Esta es la raíz de la gracia: el desmantelamiento de nuestro propio poder. Solo en la medida en que nuestro propio poder sea desmantelado, Dios nos dará su Espíritu. Si surgiera un poco de poder propio entre nosotros, el Espíritu y la autoridad de Dios se retirarían en el mismo momento y con la misma intensidad. Esta es la percepción simple pero más importante con relación al reino de Dios . . .

El Espíritu Santo produce efectos que son mortales para la vida pasada y que, al mismo tiempo, generan un despertar y un surgimiento de poder para la vida nueva. Así que dediquemos este día para dar gloria a Dios. Prometámosle el desmantelamiento de nuestro propio poder. Declaremos nuestra dependencia de la gracia.

Johann Christoph Arnold

I

La revolución de Dios

Un llamado a la vida interior

A pesar de las connotaciones negativas que la palabra «revolución» puede implicar, es la que mejor describe la conmoción espiritual a la que Arnold nos llama. El siguiente discurso fue pronunciado en noviembre de 1917, pero su mensaje no ha expirado: la necesidad de renovación interior frente al abrumador cambio social y político es tan vital en nuestros días como lo era entonces. Y la afirmación de Arnold, según la cual el bolchevismo fracasaría en su intento de traer la paz y la justicia, es profética. Es indudable que la vida exterior tiene que cambiar. Pero antes tiene que cambiar la vida interior, y este cambio solo se puede realizar por medio del arrepentimiento.

Hoy se habla mucho de revolución y, de hecho, todos nosotros sentimos que nos encontramos en medio de la revolución más grande que la humanidad haya podido experimentar. Como consecuencia de la guerra, nuestra civilización europea está sufriendo un cambio sin precedentes. Es un cambio que trae juicio y castigo de Dios sobre todas aquellas cosas que pensábamos tener tan firmemente bajo nuestro control, y nos ha derribado de las alturas de la arrogancia y el orgullo.

Los mayores cambios están teniendo lugar en la esfera económica. Una poderosa ola de revolución social ha atravesado Rusia: es una ola cuyo recorrido aún no ha terminado. Todavía no sabemos qué clase de cambios tendrán lugar en ese país, en la distribución de la riqueza entre ricos y pobres, en la industria y el comercio, en las compras y las ventas. Todavía no podemos predecir hasta dónde la revolución en las cosas exteriores afectará todo lo demás. Pero hay una cosa segura: necesitamos una revolución.

Ciertamente la mayoría de las personas se limitarán a aplicarla a los asuntos externos. Se parecen a los socialdemócratas que afirmaron: «No tenemos tiempo para ocuparnos de los asuntos internos, porque los externos nos mantienen bastante ocupados». Este es el peligro para la mayoría de la gente: debido a sus muchas preocupaciones olvidan las cosas más internas, hacen caso omiso de ellas y atienden solo las externas. Quizá esto sea lo peor en las apremiantes circunstancias del momento presente: los que ansían el cambio pasan por alto completamente la cara interior de la vida. Sin embargo, debemos comprender que todo cambio duradero tendrá que empezar en la vida interior.

Lo que es grande a nuestros ojos es una abominación ante Dios. Hemos preferido el honor humano al honor de Dios, y por ello nos hemos ensalzado en lugar de inclinarnos ante Dios, y nos hemos hundido en las profundidades del pecado y la muerte. Este es el motivo por el que necesitamos una revolución: una inversión total, una revalorización de todas las cosas y todos los valores.

Nosotros proclamamos a Cristo como poder divino. Jesús es el Espíritu y donde está el Espíritu, allí hay libertad. Quien se encuentra bajo la influencia de este Espíritu, experimenta una revolución desde dentro y esta revolución del alma aporta la renovación que ansiamos y necesitamos. El poder de lo alto nos transforma desde dentro y nos capacita para hacer obras que, sin él, no podríamos hacer de ninguna manera. Ya no vivimos según la carne sino según el Espíritu. Pablo lo expresa con estas palabras: «si alguno está en Cristo, es una nueva creación. ¡Lo viejo ha pasado, ha llegado ya lo nuevo!».

Despojarse de la vieja naturaleza y revestirse de la nueva es lo único que puede ayudarnos en estos tiempos. Es un asunto del Espíritu, un asunto del dominio de los espíritus. Las cosas externas no importan. Son las cosas internas las que tienen poder, porque en todos los poderes externos subyacen fuerzas espirituales. Por ello, si nos preguntamos en qué dirección deberían avanzar nuestras vidas, entonces solo hay una cuestión importante: ¿qué espíritu reinará sobre nosotros, el espíritu del mundo o el Espíritu de Dios? Afrontamos el gran dilema: Dios o el diablo, Cristo o Satanás.

Jesús es el único que puede realizar un cambio en nosotros; Jesús, que vivió entre nosotros y descubrió y desenmascaró nuestra hipocresía. Solo él puede cambiar y transformar todas las cosas. Pero nosotros podemos ponernos bajo su reinado, bajo la autoridad de su Espíritu, solo a través de la gran revolución del arrepentimiento.

El nuevo nacimiento del que Jesús habló a Nicodemo, el anciano que acudió a él de noche, es el arrepentimiento. Y este consiste en una revolución total de la vida. Es la conversión del espíritu de las tinieblas al Espíritu de la luz, la redención de todas las ataduras y servidumbres, de todos los errores y engaños. No deberíamos preocuparnos de cómo esta revolución penetrará en la vida cultural y política, si antes no la experimentamos nosotros de una manera muy personal.

O vivimos en el pecado y permanecemos en pecado, o somos salvados del pecado y, por el Espíritu de Jesús, morimos al pecado y declaramos la guerra al pecado. Porque el que ha nacido de Dios no vive continuamente en una condición de pecado. Es elevado al mundo de la luz de Dios, al mundo del poder del Espíritu. Está moralmente renovado y se ha vuelto a Dios en todas las cosas. Se ha despertado a una vida nueva y gozosa.

Cuando Jesús proclamó el arrepentimiento, usó esta palabra de una manera que implica acción. Y ya que Jesús no añadió nada a esta palabra, sino que la proclamó como una realidad total, nos mostró que es una obra que afecta a la totalidad. No existe arrepentimiento si no es el arrepentimiento de toda la persona. No hay arrepentimiento si este no está presente en todos los ámbitos de la vida. No hay arrepentimiento que no abarque a toda la persona, empezando desde lo más profundo del ser y presionando hacia el exterior en todas las demás esferas.

El arrepentimiento tiene que empezar en la vida del pensamiento. Los pensamientos son gigantes que producen acciones y si el arrepentimiento no ha tenido lugar en lo profundo de nuestro corazón y nuestra mente, nunca seremos capaces de manifestarlo en los hechos. Pero si la vida del yo resulta vencida dentro de nosotros, por medio de la vida divina de Jesús, entonces se producirá una transformación completa de la vida exterior. Tendrá lugar un cambio total en nuestras relaciones con otras personas y pondremos a nuestros anteriores amigos ante la misma decisión. Si no aceptan el arrepentimiento, ya no podremos estar por más tiempo unidos a ellos.

Nuestro arrepentimiento será la prueba en nuestra vida profesional, en nuestro concepto del deber y del trabajo. Huiremos de todo lo que tiene que ver con Satanás: las apetencias de la juventud, el amor al dinero y el dominio de *mammona*. Todas nuestras lecturas, tiempo libre, actividad política y trabajo serán puestos bajo la influencia del Espíritu Santo.

¡El arrepentimiento como revolución! «Si alguno está en Cristo, es una nueva creación. ¡Lo viejo ha pasado, ha llegado ya lo nuevo!»

La gran agitación del mundo de nuestros días hace cada vez más urgente conseguir la fuerza interior, en aquellos encuentros de quietud con Cristo que hacen posible que permanezcamos bajo su dominio y autoridad. Situados como estamos en medio de un mundo tan terriblemente carente de paz, necesitamos el alimento constante de nuestra vida interior. Es importante mirar más allá de los límites externos . . . En lugar de seguir a los espíritus extraños de odio, violencia, mentira, impureza y afán codicioso, debemos seguir al único espíritu que es más fuerte que todos los demás espíritus . . .

Sin un nuevo nacimiento en nuestros corazones, deduciremos un significado falso de los cambiantes acontecimientos del mundo —basado en consideraciones materiales o en vínculos emocionales o raciales—, o no le encontraremos ningún significado. Son muchos los que interpretan falsamente el curso de la historia, según los intereses de su nación o sociedad. Pero para muchas personas nunca ha tenido ningún significado. Solo hay una manera posible de poner fin a esta confusión: toda la persona, durante toda la vida, tiene que experimentar un cambio radical y completo, orientándose hacia el reino de Dios.

Nuevo nacimiento es el único nombre que podemos dar a ese cambio radical, al cambio total en dirección contraria a nuestra vida anterior. Solo gracias a ese cambio total podemos ver en todo lo que sucede la aproximación y la intervención del reinado de Dios. Jamás podremos ver el reino de Dios, ni tener parte alguna en él, sin un nuevo nacimiento del corazón, sin romper toda la estructura de nuestra vida y emprender un comienzo totalmente nuevo. Solo un nuevo comienzo que procede del lugar más profundo, un nuevo nacimiento que surge desde la raíz, puede prepararnos para el reino de Dios. Necesitamos un nuevo fundamento para toda nuestra vida personal.

Para evitar el sufrimiento, por el naufragio interior en la tormenta y el caos de la opinión pública, nuestro ser interior más íntimo tiene que acudir diariamente al puerto tranquilo de la comunión con Dios.

— *Innerland*

La revolución de Dios

«Revolución» fue un tópico en la conmoción que se produjo en Alemania después de la Primera Guerra Mundial, y Arnold lo tuvo como uno de sus temas preferidos: «Revolución del mundo y redención del mundo» apareció por primera vez en mayo de 1919; en 1921 pronunció dos conferencias más con el mismo título. Toda su vida censuró el énfasis de la teología moderna en la «alteridad» como realidad opuesta a la responsabilidad social. Pero Arnold no fue marxista, ni siquiera socialista. Junto con Nikolai Berdiaev, filósofo y teólogo ruso, mantuvo que los problemas sociales no se podían resolver aparte de los espirituales, que sin una renovación centrada en Cristo los ideales del socialismo estaban destinados a fracasar. Este artículo, publicado en 1926, es característico: no aclama a Lenin, sino a la cruz.

Una revolución social radical, un poner al revés todas las relaciones y todas las cosas en la causa de la justicia de Dios, es algo de lo que solo podemos hablar cuando sentimos sinceramente que esta revolución está destinada para todo el pueblo.

Todos nosotros necesitamos que nos pongan al revés. Todos somos culpables de las injusticias cometidas en nuestra sociedad y de la degradación de los demás en las relaciones personales y públicas. Y solo cuando nos atrevemos a afrontar de lleno esta corrupción puede comenzar cualquier revolución en nuestro interior.

Al final de cuentas, esta revolución no está centrada en torno a los oprimidos, que también deben ser elevados a una vida auténtica. No, el objetivo de esta batalla decisiva es esencialmente mayor. Afecta a la raíz de la hostilidad contra la vida, del pecado mortal contra la vida, en cada ser humano y en la vida pública como un todo.

La revolución de Dios conduce a una comunidad de justicia y de bienes, que produce nuevos valores tanto en el mundo material y físico como en el desarrollo de la personalidad. Es eterna y no tiene fin; tiene como perspectiva el origen de la vida, que se encuentra en la eternidad y en el infinito. Su propósito y su meta es el futuro último, eterno y que todo lo abarca.

Sin embargo, nosotros somos limitados y estamos condicionados. Somos efímeros y débiles. Somos viles y una y otra vez reflejamos nuestros propios intereses mortales. Por esta razón resulta evidente que la revolución de Dios nunca puede ser realizada completamente por personas como nosotros. Por consiguiente, el arma que debemos elegir es la fe en el comienzo de una nueva vida, el arma del Espíritu mismo.

Tenemos que continuar la batalla sin juzgar o castigar a otros seres humanos y sin herirlos. Nuestra actitud hacia la vida, y la forma en que trabajamos, tiene que corresponder de una manera absoluta a la pureza del Espíritu profético, a la naturaleza del Eterno y el Infinito, al espíritu de nuestro máximo llamado. Solo de esta manera nuestra autoridad será eficaz en todo momento. Y debemos dejar que esta revolución empiece una y otra vez y siempre con más profundidad dentro de nosotros mismos. Todos nosotros somos llamados a la revolución, porque todos somos culpables.

Solo el Poder creativo puede dar origen al Nuevo Día. Después del largo periodo dominado por los dinosaurios, aquellos gigantescos dragones de los tiempos prehistóricos, amaneció un nuevo día. Justamente de la misma manera, después de los seres humanos degenerados y pecadores de la actualidad, debe surgir el Hijo del hombre, precedido por una revolución nunca antes contemplada por el mundo. Pero no podemos comprender el amanecer de este Nuevo Día si no comprendemos el testimonio de los profetas y los apóstoles.

La profecía da testimonio contra todo lo que sea egoísta, asesino y antisocial; contra todo crimen que atente contra la vida y la comunidad; contra toda ganancia que se obtenga perjudicando a otros; contra el lujo y el enriquecimiento a costa de los que sufren necesidad; contra la violencia y la guerra.

La profecía es el testimonio más positivo del amor: es compartir el pan, el techo y el vestido con todos los hambrientos, desamparados y mal vestidos; es liberar a todos de las ataduras, esclavitudes y prisiones; es acoger con hospitalidad a todos los forasteros y emigrantes; es arrancar lo viejo y plantar lo nuevo. La profecía da testimonio de la purificación del corazón de la injusticia y las limitaciones egocéntricas; del perdón y la eliminación del mal; de un nuevo corazón; del poder absoluto e incondicional del Espíritu Santo y el reino de Cristo.

El profeta cree en la realización de lo imposible por medio de Dios. Es un luchador y un portavoz de la meta de Dios, y el futuro de Dios es su fuerza en el presente. Habla y actúa en él y está dispuesto a dar su vida por él. Su meta es la unidad en Dios: la unidad del Espíritu que da vida y aliento a todas las cosas. En lugar del Estado que se impone por la fuerza, busca el Espíritu unificado, que todo lo cumple y todo lo guía, de la verdadera comunidad.

Este Espíritu fue el verdadero aliento de vida para los primeros cristianos. Para ellos la propiedad hundía sus raíces en el pecado. Por esta razón todas las posesiones y todos los fondos pertenecían a los pobres. Pensaban que su deber era descubrir y superar la desdicha, buscar y aliviar la pobreza calle tras calle. Su vida era sumamente sencilla y sus líderes vivían como los más pobres.

Este ataque contra la propiedad como fundamento legal del orden económico era coherente con la lucha de vida o muerte de la iglesia primitiva contra las pretensiones de autoridad absoluta por parte del Estado. El rechazo de todo cargo público investido de poder judicial, la renuncia a juzgar sobre la vida, la muerte o los derechos civiles, la negativa a ejecutar la orden de matar, ya fuera impuesta por la ley o por el poder militar, este último rechazo se aplicó también cuando esa orden procedía del cargo gubernamental más alto: el del emperador. Por causa de esta actitud, a pesar de todas sus obras de caridad, los primeros cristianos permanecieron en todos los lugares como «extraños» y «extranjeros» dentro de su sociedad, ciudadanos y embajadores de un orden futuro suprapolítico.

Esta revolución de fe se arraigaba en la certeza de que todo individuo particular, y hasta toda la atmósfera terrena y toda la vida pública, se verían liberados del dominio del mal y se convertirían en propiedad de Dios, que tomaría posesión de ellos. De la misma manera, en

nuestros días la certeza de que un Nuevo Día se acerca
nos llama a una revolución que vuelve todo al revés.
Justamente ahora, cuando una gran mayoría ha esco-
gido una paciente aceptación de la evolución, cuando las
personas se han resignado y se han adaptado al hecho
de la degenerada realidad, tiene que ser oído de nuevo el
llamado al camino trágico de la cruz.

No es posible identificar una vida en Cristo, vivida por
gracia, con el socialismo político. Por otro lado, siento
con mucha fuerza que muchas de las demandas de conciencia planteadas por los socialistas han nacido de los
mismos anhelos que animaban a la gente en tiempos de
Juan el Bautista . . .

El movimiento de conciencia que está vivo en el socialismo y el comunismo se dirige contra el dominio de
mammona y el derramamiento de sangre, contra el odio
entre las clases y la codicia. Este movimiento procede
desde lo más profundo; es un movimiento de Dios. Pero
esto no me impide reconocer, al mismo tiempo, la presencia de poderosas fuerzas satánicas y demoníacas que
operan en estos mismos movimientos políticos.

Lo que nosotros necesitamos en la actualidad —y
lo que ninguno de nosotros ha alcanzado todavía— es
un sencillo discipulado de Jesús que responda al anhelo
del presente, pero que vaya más allá de las experiencias
espiritualmente edificantes.

— *Carta a Friedrich Böhm, 1920*

Contra el derramamiento de sangre y la violencia

«Contra el derramamiento de sangre y la violencia» fue publicado en la revista de Arnold, Das neue Werk, en abril de 1921. Aunque Arnold había defendido la causa de la guerra con fervor nacionalista antes de 1917, hacia 1921 ya estaba plenamente convencido de que la reconciliación no tenía que ser solo predicada sino también vivida. Su premisa es clara: el reino de Dios no puede seguir siendo un ideal futuro, sino que tiene que hacerse una realidad presente. Por consiguiente, el carácter de la iglesia actual tiene que estar de acuerdo con el plan futuro de Dios. Ello implica que la iglesia no puede tolerar o defender la violencia de ninguna clase.

Una y otra vez en la vida de una nación, y en la lucha de clases por la existencia, las tensiones y los conflictos reprimidos estallan en arranques de violencia. Estos estallidos revelan la explotación, la opresión y los instintos salvajes de la pasión codiciosa. La gente responde de diferentes maneras a esta violencia: algunos tratan de mantener la ley y el orden con medios homicidas, otros se sienten llamados a luchar por la justicia social con los oprimidos. Sin embargo, nosotros como cristianos tenemos que mirar mucho más lejos.

Cristo dio testimonio de la vida, de la manifestación del amor, de la unidad de todos los miembros en un solo cuerpo. Él nos reveló el corazón de su Padre, que hace que su sol brille sobre buenos y malos. Él nos encomendó que sirviéramos a la vida y que la construyéramos, no que la segáramos ni la destruyéramos. Por ello, nosotros creemos en un futuro de amor y comunión constructiva, en la paz del reino de Dios. Y nuestra fe en este reino es mucho más que cualquier otro anhelo ilusionado por el futuro. Más bien, es una firme creencia en que Dios nos dará su corazón y su espíritu ahora, en esta tierra.

A la iglesia, como una semilla escondida y viva del futuro, se le ha confiado el espíritu de este reino venidero. Por consiguiente, su carácter presente tiene que mostrar ahora la misma paz, alegría y justicia que el reino encarnará en el futuro. Por esta razón tenemos que protestar contra todos los casos de derramamiento de sangre y violencia, sin importar cuál sea su origen.

Nuestro testimonio y voluntad por la paz, de amor a toda costa, incluso a costa de nuestra vida, nunca antes ha sido más necesario. Se equivocan quienes nos dicen que las cuestiones de la no violencia y la objeción de conciencia ya no son importantes. Justamente ahora estas cuestiones son más importantes que nunca. Pero para responderlas hace falta valor y perseverancia en el amor.

Jesús sabía que nunca podría conquistar el espíritu del mundo con violencia, sino únicamente con amor. Esta es la razón por la que venció la tentación de tomar el poder sobre los reinos de la tierra y por la que dice que quienes son fuertes en el amor —los pacificadores— heredarán la tierra y la poseerán. Esta actitud estuvo representada y fue proclamada con fuerza por los primeros cristianos, que sentían que la guerra y la profesión militar eran incompatibles con su llamado. Es lamentable que en nuestros días los cristianos maduros no den un testimonio igualmente claro.

Reconocemos la existencia del mal y del pecado, pero sabemos que nunca triunfarán. Creemos en Dios y en el nuevo nacimiento de la humanidad. Y nuestra fe no es una fe en la evolución, en la inevitable ascensión a una mayor perfección, sino una fe en el Espíritu de Cristo, fe en el nuevo nacimiento de los individuos y en la comunión de la iglesia. Esta fe considera que la guerra y la revolución son un juicio necesario sobre un mundo depravado y degenerado. La fe lo espera todo de Dios, y no se asusta del choque entre las fuerzas espirituales. Más bien, ansía la confrontación, porque el fin tiene que llegar, y, después de él, un mundo completamente nuevo.

Creo de verdad que se están diciendo y haciendo muchas cosas buenas en la causa de la paz y por la unidad de las naciones. Pero pienso que no es suficiente. Si la gente se siente urgida a tratar de impedir o posponer otra gran guerra europea, esto solo puede ser para nosotros motivo de alegría. Pero lo que nos inquieta es si tendrán mucho éxito en su oposición al espíritu de la guerra que existe ahora mismo.

Cuando más de un millar de alemanes han sido asesinados por Hitler —sin ser juzgados previamente—, ¿no es esto una guerra?

Cuando cientos de miles de personas en los campos de concentración son privadas de su libertad y de toda dignidad, ¿no es esto una guerra?

Cuando cientos de miles de personas son enviadas a Siberia y mueren congeladas talando árboles, ¿no es esto una guerra?

Cuando en China y Rusia millones de personas mueren de hambre mientras en Argentina y otros países se acumulan millones de toneladas de trigo, ¿no es esto una guerra?

Cuando miles de mujeres prostituyen sus cuerpos y arruinan su vida por dinero, ¿no es esto una guerra?

Cuando millones de bebés son asesinados por medio del aborto cada año, ¿no es esto una guerra?

Cuando las personas son obligadas a trabajar como esclavas porque si no lo hacen no pueden dar de comer a sus hijos, ¿no es esto una guerra?

Cuando los ricos viven en mansiones rodeadas de parques, mientras otras familias ni siquiera disponen de una sola habitación, ¿no es esto una guerra?

Cuando algunos acumulan enormes cuentas bancarias, mientras otros apenas ganan lo suficiente para satisfacer sus necesidades básicas, ¿no es esto una guerra?

Cuando los automóviles, conducidos a la velocidad que se les antoja a sus propietarios, matan a sesenta mil personas cada año en los Estados Unidos, ¿no es esto una guerra?

— Charla, agosto de 1934

No representamos el pacifismo que cree que se puede evitar una guerra futura. Esta pretensión no es válida, porque la guerra ya existe ahora.

No defendemos el pacifismo que cree en la eliminación de la guerra a través de la influencia dominante de ciertas naciones superiores.

No defendemos a las fuerzas armadas de la Liga de Naciones, que supuestamente tienen que mantener bajo control a naciones ingobernables.

No estamos de acuerdo con un pacifismo que ignora las causas primordiales de la guerra —la propiedad y el capitalismo— y trata de conseguir la paz en medio de la injusticia social.

No estamos de acuerdo con un pacifismo que continúa luchando mientras redacta tratados de paz.

No tenemos fe en el pacifismo representado por los empresarios que derriban a golpes a sus competidores, ni creemos en el pacifismo de aquellos que ni siquiera pueden vivir en paz con sus propias esposas.

Rechazamos todo pacifismo que aporta beneficios o ventajas a ciertas naciones o empresas.

Dado que existen tantas clases de pacifismo en las que no podemos creer, preferimos no usar la palabra «pacifismo» bajo ningún concepto. Pero nosotros somos amigos de la paz y queremos ayudar a conseguir la paz. Jesús dijo: «Dichosos los que trabajan por la paz». Y si realmente queremos la paz, tenemos que defenderla en todos los ámbitos de la vida. No podemos causar perjuicio al amor de ninguna manera y por ninguna razón. Por tanto, no podemos matar a nadie; no podemos causar ningún daño económico a nadie; no podemos participar en un sistema que establece niveles de vida más bajos para los obreros que para los profesores universitarios.

—*Charla, agosto de 1934*

Dios es nuestro futuro, así como él es nuestro origen. Él se acerca a nosotros con una demanda y una promesa: ¡Abran nuevos caminos! ¡Descarten lo que es viejo y está petrificado! ¡Conviértanse en carne y sangre llenas de vida y sentimiento! Dejen que el Espíritu descienda sobre ustedes como la lluvia cae en el desierto, rajado y agrietado en su dureza. ¡Dejen que el Espíritu que es Dios mismo penetre en ustedes, de lo contrario seguirán como huesos muertos!

¿Qué hay de bueno en los ejercicios religiosos, qué hay de bueno en la liturgia y en los cantos, si no se hace la voluntad de Dios, si nuestras manos están manchadas de sangre? ¿Qué hay de bueno en que los injustos crean o en los que confiesan a Dios pero dan la espalda a los niños moribundos? ¡Cambien por completo! ¡Sean diferentes, háganse humanos! Crean en Dios y ríndanle su vida a él.

Este es el mensaje de todos los profetas, incluido Juan el Bautista: ¡cambien radicalmente! ¡Transformen todo al revés! El nuevo orden está llegando. Lo que ahora gobierna el mundo será abolido. Algo completamente diferente va a llegar a este mundo. ¡El reinado de Dios está cerca!

Jesús no cree en un dios que trae infelicidad, muerte y demonios, crimen e injusticia. Por el contrario, proclama al Dios que elimina todas estas cosas. Él sabe que el mal prevalece en este mundo. Pero sabe algo más: que será vencido y que todo será hecho nuevo y diferente.

Esta victoria sobre el mal es la única tarea de la vida de Jesús. El propósito de su misión es derrocar a Satanás, el tirano de la tierra, es despojarlo de poder, ocupar su territorio, destruir sus maquinaciones y sus obras. Jesús promete el nuevo orden más radical de todas las cosas, incluidas las políticas y sociales, culturales y agrícolas, etnográficas y geográficas. Un nuevo orden para todas las cosas constituye la sustancia de sus palabras.

Su deseo siempre es el mismo: que la voluntad de Dios se haga historia en la tierra como en el cielo, que Dios, cuyo nombre ha sido hasta ahora blasfemado, pueda ser finalmente honrado. Jesús quiere que el reinado y la armonía de Dios, que ya gobierna el movimiento de las estrellas y las leyes de la materia, prevalezcan entre los seres humanos. Su meta es que el cielo venga a la tierra, que la tierra misma se convierta en el reino de los cielos.

Todas las parábolas de Jesús sobre el reino de los cielos apuntan a esta meta. Pensemos en el rey que sale de viaje: primero pone su reino en manos de sus colaboradores, confiando a cada uno de ellos ciertos deberes y responsabilidades. Cuando regresa, los reúne y celebra una fiesta con los que han cumplido con sus obligaciones. De la misma manera, Dios nos confía la tierra hasta que vuelva.

—*Conferencia, Sajonia, 1924*

Arnold fue un revolucionario no solo en teoría, sino también en la práctica, incluso en los detalles más pequeños. Sus colegas se sintieron horrorizados cuando cambió su traje de negocios por la camiseta y los pantalones hasta la rodilla que vestían los jóvenes radicales, pero se asombraron todavía más cuando él y su esposa, Emmy, decidieron cambiar su existencia de clase media por una vida de pobreza voluntaria. Emmy escribe:

No teníamos sustento económico de ninguna clase, ni para comenzar un nuevo negocio, ni para comprar una casa de campo en Sannerz a fin de usarla como hogar de la comunidad. Pero eso no cambió nada. Era el momento de dar la espalda al pasado y empezar de nuevo con plena confianza. Los amigos bienintencionados sacudían la cabeza: ¡Qué irresponsabilidad tan imprudente, y con cinco hijos pequeños! La señora Michaelis, la esposa del que fuera canciller del Reich, llegó incluso a ofrecerse para cuidar de mí y de los niños en caso de que Eberhard diera realmente un paso tan «insólito». Pero después de hablar conmigo le dijo a una amiga común: «Ella es todavía más fanática que él. No hay nada que podamos hacer».

2

La nueva justicia

La preocupación de toda la vida de Arnold por el Sermón del monte fue tan práctica como profunda. Por ello sus escritos sobre estas palabras de Jesús no guardan ninguna relación con la interpretación o el análisis, sino que más bien apuntan a la simple obediencia y a una manera de vivir sin la cual no podemos llamarnos cristianos.

No es una nueva ley

¿Cómo respondemos al Sermón del monte? El Sermón del monte es el primer paso en el camino del discipulado y como tal tenemos que considerarlo con profundidad. Si comprendemos plenamente el Sermón del monte y creemos en él, entonces nada podrá atemorizarnos: ni nuestro autoreconocimiento, ni las amenazas económicas, ni nuestra debilidad personal.

El Sermón del monte no es un moralismo de alta tensión, sino la revelación del poder de Dios en la vida humana. Si nos sometemos de verdad a Dios y le permitimos entrar en nuestra vida, entonces podremos vivir la nueva vida. Pero si, como los seguidores de Tolstoi, pensamos que el Sermón del monte son cinco mandamientos nuevos, caeremos directamente en una trampa. Porque León Tolstoi interpreta estos mandamientos de Jesús como cinco leyes nuevas: carácter pacífico en las relaciones con los demás, pureza sexual y fidelidad matrimonial, negativa a prestar juramentos, no resistencia al mal y amor a nuestros enemigos. Pero Jesús no promulgó leyes nuevas, sino que intensificó la claridad y las demandas de las antiguas. Y los temas que trató son solo ejemplos que revelan el poderoso efecto de la obra de Dios; pudo haber puesto otros quinientos o cinco mil ejemplos.

Su justicia es mejor que cualquier otra cosa que los estudiosos o los teólogos puedan ofrecer. Es algo absolutamente distinto; no depende de la intención moral. Solo se puede cumplir a través de una nueva manera de vivir: a través de la vida de Dios que resplandece como luz, que quema y purifica como sal, que corre como savia por un árbol. ¡Es vida, vida, vida! Y la comunidad carece de propósito si no recibe su vida del Sermón del monte.

— *Discurso, octubre de 1935*

El Sermón del monte revela el corazón de Jesús y nos confronta con su voluntad. Él sabe que todos somos pobres y estamos vacíos, pero trae la dicha y la riqueza a aquellos que —porque sienten su pobreza— están abiertos a lo que él da. Su sermón no es una ley, ni exige ningún esfuerzo moral o inversión de energía. Solo demanda vaciedad, un vacío de absoluta pobreza espiritual.

En Lucas esto se expresa sin requisitos: «¡Dichosos ustedes los pobres! ¡Dichosos los que tienen hambre y sed! ¡Dichosos ustedes que ahora lloran! ¡Dichosos los que son perseguidos!». Aquí no hay ninguna alusión a una vida religiosa especializada, sino más bien los ciudadanos del reino están marcados por su pobreza y por el hecho de que son despreciados y calumniados, tienen hambre y sed y conocen el sufrimiento.

Lucas continúa: «¡Ay de ustedes los ricos! ¡Ay de ustedes los que ahora están saciados! ¡Ay de ustedes los que ahora ríen! ¡Ay de ustedes cuando todos los elogien!». Y este ¡ay! se aplica a todos los que ponen su confianza en sus posesiones, sin importar cuán admirables o necesarias sean. La condición previa para el reino es la pobreza. Esta pobreza no es solo pobreza de cosas materiales, sino también de espíritu, y vacío de religión y sabiduría moral, una lamentación por el mundo y por nosotros mismos, por la culpa colectiva e individual, por la necesidad material y por la necesidad más profunda del alma.

La persecución y desprecio que ha de recaer sobre los que son pobres en este sentido será una persecución por causa de la nueva justicia. Esta justicia será odiada sobre todo por aquellos que se sienten justos en su riqueza y rectitud moral, porque ella condena a muerte su vida actual sobre la tierra.

La naturaleza de esta nueva justicia está en el corazón de la enseñanza de Jesús. Es la bienaventuranza en la pobreza. Es el misterio del cambio del corazón, ese cambio radical proclamado por Juan, el último profeta del primer judaísmo. Él predijo el nuevo orden de cosas anunciado por todos los profetas anteriores y proclamó a Dios como alegría, justicia y comunión para todos los pueblos. Jesús estaba inmerso en esta justicia futura, que es Dios mismo.

Todo el Sermón del monte muestra que esta nueva justicia es un don de Dios. Por ello, no puede coexistir con la bondad y los méritos de las personas. Apareció solo una vez, en el Hijo del hombre, en Jesús. Pero está presente hoy en el Señor resucitado, está activo en su Espíritu, obrando como el poder del Creador, el Dios de la resurrección. El sermón nos muestra, por tanto, el carácter del mismo Jesús y, por consiguiente, el carácter de su reino, que no tolera la conciencia de la bondad o la nobleza humana, ni la reivindicación de los derechos ni la lucha entre las personas. Solo los que reconocen su dependencia de Dios, y los que son reverentes ante él, pueden entenderlo.

Convertirse en una nueva persona en Cristo no tiene nada que ver con el esfuerzo humano. Jesús no dice que *debemos* ser sal o luz. Más bien, sabe que ese nuevo nacimiento viene de Dios. Por ello dice que *somos* sal y luz. Pero si la sal pierde su sabor, solo sirve para tirarla. Y si la luz no alumbra, brilla y da calor, no es luz. La luz, como la sal, cumple su misión consumiéndose. El amor como entrega desinteresada es la esencia de Jesús y de su reino.

Cualquier comunidad posible únicamente puede surgir de ese amor. Tratar de manufacturar la vida compartida en comunidad resulta tan imposible como producir un árbol en una fábrica. La edificación de la comunidad es siempre obra de Dios y no depende del esfuerzo humano. La ley del crecimiento y de la vida, inscrita en la creación, está en contraste con las obras humanas, al igual que la ley del espíritu de vida está en contraste con la ley del pecado y de la muerte en la carta de Pablo a los Romanos.

Dios puede realizar lo que nosotros no podemos llevar a cabo. El espíritu creativo de Dios gobierna la ley de la vida, porque Dios es un Dios de todos los seres vivos, no un Dios de muertos. La resurrección de Jesús es la revelación última de esta ley. Sus palabras solo se pueden comprender allí donde se prueba poderosamente que él es el Hijo de Dios. De otra manera, sigue siendo una imposibilidad, una utopía o una fantasía, autoengaño o locura.

La vida que brota del Espíritu es como una semilla: tiene que ser enterrada en la tierra para morir, pero después brota y da fruto. Es el enemigo mortal de la muerte y el odio, del asesinato y el esfuerzo humano. El amor liberador es la única consumación de la vida. Solo el amor de Dios puede elevarnos por encima de nuestra esfera humana, para afirmar la vida y conceder sus dones a todos los seres vivos. Dios hace salir su sol sobre todos: sobre pecadores y moralistas, sobre justos e injustos, sobre quienes lo buscan y quienes blasfeman su nombre. Su justicia dista mucho de la que tienen moralistas y teólogos, que ponen énfasis en límites y diferencias.

El corazón de Dios es misericordia. Su amor llega a todos. Quiere la justicia en las cosas externas, de la misma manera que quiere colmarnos de misericordia. Por ello Lucas resume la actitud de los ciudadanos del reino con palabras sencillas: ¡Amen! ¡Sean misericordiosos! No se aferren a nada para ustedes mismos. No juzguen ni busquen fallas en los demás. ¡Den a todos y sean generosos con sus enemigos!

El camino de la reconciliación y la no resistencia implica la renuncia a todos los derechos. Implica gastar más tiempo, más fuerza y más vida, aunque esto solo provoque enemistad. Porque el amor al prójimo —que

Jesús pone en el mismo plano que el amor a Dios— está inseparablemente unido al amor incondicional a los enemigos. El amor de Dios se derrama sobre ambos con el mismo poder. Por ello la oposición tiene que estimular al amor a un mayor esfuerzo; la hostilidad solo debería reforzar nuestro deseo de entregarnos.

Los que se atreven a vivir según este espíritu se encontrarán una y otra vez ante lo que es infinito e ilimitado. Temblarán como ante un abismo sin fondo y, sin embargo, al mismo tiempo, sus pulmones se llenarán de pureza y fuerza ilimitadas, del aliento eterno de Dios. Su oración no será ruidosa y llamativa, sino pura y secreta. Porque el Padre busca vida en la montaña distante, en la estepa desértica y en el cuarto cerrado.

El Sermón del monte se encuentra en el corazón de la proclamación de Juan: ¡cambien radicalmente, porque el reino de Dios está cerca! ¡No acumulen riquezas para ustedes! Sepan que solo hay un tesoro, el tesoro que está en el cielo. No pongan su corazón en las cosas, porque un corazón dividido lleva a las tinieblas y al juicio. No pueden servir a Dios y al dinero.

La preocupación por las cosas materiales no es menos impía que la acumulación de riquezas, porque Dios da con abundancia a los que confían en él. Él cuida de nosotros de la misma manera que cuida de las aves y las flores, y nos libera de las preocupaciones y del afán de poseer. De este modo nos da una sencilla regla de vida: nunca se agobien por tratar de prever demasiado adelante. Vivan un día a la vez. Si pueden hacerlo, vivirán como los niños, las aves y las flores, para los cuales cada día es toda una vida. Quizá se derrumben ante la culpa y el fracaso, pero cada día les traerá nueva alegría y esperanza. Habrá sombra y anochecer, pero también sol, aire y gracia.

Esta es la razón por la que Jesús nos dice una y otra vez que oremos y tengamos fe. Él nos promete que si pedimos, recibiremos. La puerta se abrirá para aquellos que llaman. La puerta es estrecha, pero está ahí para todos. Y Lucas nos dice claramente cuál es el objeto de esta petición: creer, esperar y atreverse. ¡Es el Espíritu! Y si nosotros, que somos malos, damos cosas buenas a nuestros hijos, podemos tener la seguridad de que Dios nos dará lo que necesitamos: el Espíritu Santo.

Solo este Espíritu puede producir la realización material de la nueva creación de Dios. Él transforma a los lobos en corderos y convierte el salvaje mundo de los humanos en el reino de la paz de Dios. Y sus frutos se ven palpablemente en las acciones del amor, porque la acción es lo que marca la nueva vida del Sermón del monte.

— *Ensayo, 1922*

En tiempos de Jesús, como en nuestros días, la gente esperaba un nuevo orden mundial. Ansiaba la llegada del reino de justicia del que habían hablado los profetas. Entonces vino Jesús y les reveló la naturaleza y las consecuencias prácticas de esta justicia. Les mostró una justicia completamente distinta del orden moral de los piadosos y los santos, un poder vivo y creciente que se adecuaba a las leyes sagradas de la vida. No les dio mandatos sobre la conducta, sino que irradió el espíritu del futuro con su mismo carácter.

Este carácter era la unidad. Por esta razón es inútil tomar cualquier mandamiento de Jesús fuera de su contexto y establecerlo como una ley autónoma. No es posible tomar parte en el reino de Dios sin pureza de corazón, sin trabajar vigorosamente por la paz. El cambio de corazón tiene que extenderse a todos los ámbitos. Es una insensatez tratar de seguir a Cristo solo en una esfera de la vida.

No se pueden tomar las bienaventuranzas por separado, porque empiezan y terminan con la misma promesa de posesión del reino de los cielos. Los bienaventurados se caracterizan por la pobreza y la necesidad, el hambre y la sed. Y, al mismo tiempo, son ricos en amor, poseen energía para la paz y vencen sobre toda resistencia. Su naturaleza es sincera. Son personas de visión interior y son capaces de ver lo que es esencial. Llevan consigo el sufrimiento del mundo. Saben que son mendigos ante el Espíritu y que no tienen justicia por sí mismos. Pero buscan la justicia y tienen hambre y sed del Espíritu.

Esta es la esencia de la verdadera experiencia religiosa: riqueza en Dios y pobreza en uno mismo; hacerse uno con Dios y, no obstante, tener siempre ansia de él; firmeza de corazón y debilidad de alma; la justicia del amor de Dios y el sufrimiento de la injusticia.

Pero allí donde hay saturación religiosa y autosuficiencia moral, donde los logros políticos u otras obras buenas producen arrogancia y santurronería, donde uno se siente rico o victorioso, se ha perdido la felicidad en la comunión del reino. Los que creen en el futuro de Dios mantienen sus corazones fijos en el Espíritu y en su profética justicia de amor; sin embargo, siguen sintiendo el daño de la injusticia en sí mismos y a su alrededor. Se sienten consolados por la certeza de que el amor conquistará la tierra, pero también conocen la pobreza de espíritu en sí mismos y en toda la humanidad.

Así pues, son pobres y ricos al mismo tiempo. Son personas de fe que no tienen nada en sí mismas, pero lo poseen todo en Dios. A pesar de caer una y otra vez, tratan de revelar la naturaleza invisible de Dios por medio de sus actos. Al igual que ellos reciben misericordia, también colman de misericordia a todos los necesitados. Están del lado de la pobreza y el sufrimiento, y se hallan preparados para ser perseguidos por causa de la justicia. Saben que las calumnias de sus adversarios caerán sobre ellos como granizo, pero a pesar de todo se alegran; vencen la oposición con paz y conquistan la enemistad por medio del amor.

La gente de las bienaventuranzas es la gente del amor. Viven desde el corazón de Dios y se sienten en él como en casa. El espíritu de vida los ha liberado de la ley del pecado y de la muerte; nada puede separarlos del amor de Dios en Jesús. Y lo más notable y misterioso de ellos es que perciben en todas partes la semilla de Dios. Allí donde las personas se derrumban bajo el peso del sufrimiento, donde los corazones anhelan el Espíritu, ellos oyen sus pasos; donde surge el deseo revolucionario de justicia social, donde se hace oír la protesta contra la guerra y el derramamiento de sangre, donde las personas son perseguidas por causa de su socialismo o su pacifismo, y donde se puede encontrar pureza de corazón y compasión, allí ven ellos la cercanía del reino de Dios y anticipan la bienaventuranza futura.

— *Ensayo, 1920–1921*

Lejos de los compromisos y la sombra

El siguiente ensayo, escrito en 1925, es la respuesta de Arnold a los líderes del Movimiento Juvenil Alemán, que habían criticado sus esfuerzos en pro de la comunidad como productos del «autoengaño, la insensatez y la locura». Los miembros de la comunidad de Sannerz habían renunciado a todos los derechos de propiedad privada y sostenían que el camino del amor, la paz y la no violencia podía resolver todos los problemas de la guerra y la injusticia social. Rechazaban la reforma por considerarla ineficaz y defendían que era preciso construir una nueva sociedad desde los cimientos.

Sin embargo, quienes los criticaban sostenían que, aun cuando fuera posible evitar el desempeño de cargos públicos o el recurso a la ley, todos estaban atados al sistema de opresión y al sistema tributario porque todos tenían que usar el dinero, al menos para comprar comida. Ellos justificaban tomar la vida «para salvar quizá a miles de compatriotas» y defendían la guerra como «pecado responsable». Además, argumentaban que el cuerpo y el espíritu eran contrarios y no se podía lograr la armonía entre ambos, que una vida de no violencia en la edad moderna era «absurda», y que los seres humanos no podían nunca «deshacerse de su propia sombra». Un cierto Max Dressler llegó incluso a afirmar que «las demandas de Jesús no son realmente demandas en el sentido real de la palabra» y que «uno no puede hablar de discipulado sin compromisos».

La respuesta de Arnold a estas afirmaciones se basa en el Sermón del monte y en la Primera Carta de Juan.

Tenemos que afrontar la cuestión de los compromisos, porque se plantea en todas partes y preocupa a un número cada vez mayor de personas responsables. En ella está latente el problema fundamental de la vida: la cuestión del mal y de la muerte. El mal y la muerte son tan opresivos que el bien y la vida se ven constantemente amenazados por ellos. Pero es aterrador ver una apatía y un compromiso crecientes con las tinieblas, eludir el dilema de vida y muerte.

¡No se puede pactar ningún compromiso con el mal! La palabra «compromiso» tiene su origen en el lenguaje legal. Es un convenio entre las partes en disputa, la única solución cuando el conflicto legal no se puede resolver.

La cuestión es si se puede o no se puede reemplazar esta justicia legal por una justicia superior: la justicia del corazón de Jesús tal como se revela en el Sermón del monte. Esto significa que, cuando nos encontramos frente a la amenaza de una batalla legal, nosotros, que deseamos el camino de vida y amor, tenemos que renunciar a todo y permitir que nuestros adversarios se lo lleven todo. Si lo hacemos, no nos enfrentaremos con demandas duras, sino con oportunidades para el amor y la alegría.

Esta es la noticia de la vida nueva: que la alegría excluye el homicidio; el amor no odia a nadie; la verdad no puede pactar ningún compromiso con la mentira; el corazón solo permanece puro cuando no hace concesiones. Dios no establece ningún acuerdo con *mammona*. La alegría en la vida y el amor a todos no tolera ningún compromiso con el mal, ninguna concesión a la indiferencia egoísta o a la injusticia asesina, porque el amor toca todas las cosas y cambia todas las relaciones. Este es el mensaje del reino, la naturaleza de las palabras de Jesús. Aquí está su corazón.

Todo movimiento que brota de Dios apunta a este camino. Pero cada vez que se renuncia al camino de Cristo, esos movimientos empiezan a morir. Y este proceso de muerte alcanza su etapa final cuando ya no se lucha más con la muerte, cuando se abandona la lucha por la vida y la gente se rinde sin resistir a la sombra de la muerte, cuando el materialismo y la mediocridad logran establecerse, y nosotros evitamos la lucha a la que Jesús nos ha llamado. Esta muerte amenaza a todo movimiento.

Hoy las personas tratan de vivir a la vez sobre la base de la ley y la gracia. Se dice que la vida no violenta es absurda aunque Jesús la vivió. La gente se opone con una actitud inflexible, diciendo que eso es legalismo y fanatismo. Afirman el materialismo sin reservas, están encaprichadas con el pecado y se esmeran en mostrar que nunca pueden liberarse de él. Y parece que les importa poco el hecho de que el compromiso sea mayor o menor, lo cual muestra a las claras cuán lejos están del camino.

¡Solo el amor experimentado en el perdón total del pecado puede darnos la salvación! En esta atmósfera dejan de existir los legalistas «debes» y «no debes». Nunca se subrayará esto suficientemente. No obstante, la experiencia de este amor ha de tener consecuencias en la vida práctica. A quienes se les perdona mucho, aman mucho. Y ¿cómo podemos amar a Dios, a quien no vemos, si no amamos al hermano o a la hermana a quienes vemos?

Solo hay un camino: el camino del amor que procede del perdón y tiene su esencia en el perdón. Este camino es el discipulado absoluto de Jesús, que no pacta ningún compromiso con nuestra época fría y sin amor. Esto no significa que quienes están seducidos por el amor nunca pacten compromisos, sino más bien que el amor que los ha cautivado no puede pactar compromisos. Si se cometen actos malos, proceden de la depravación y la debilidad de carácter. Pero cuando el amor toma de nuevo el control de la situación, reaparece la meta más alta y el corazón vive de nuevo, pleno y resplandeciente. Las palabras de Jesús nos devuelven el poder del amor perfecto.

La Primera Carta de Juan describe esta actitud sin componendas: el que afirma que no tiene pecado es un mentiroso. Se nos dice esto para que no pequemos. Pero si pecamos, tenemos un abogado que expía el pecado de todo el mundo. El que permanece en él no peca. Si alguno peca, entonces en este pecado esa persona no lo ha visto ni lo ha conocido. «Sabemos que somos hijos de Dios y que el mundo entero está bajo el control del maligno.»

Los que defienden el pecado muestran que se han extraviado y han perdido de vista a Jesús. Ni lo ven ni lo reconocen. Hay una gran diferencia entre hacer el mal, y volverle la espalda y olvidarlo. Para Pablo era esencial dejar todo atrás y correr con resolución hacia la meta. Ciertamente él siempre supo con claridad —y dio testimonio de ello con energía— que no estaba libre de pecado. Pero para él el perdón de Cristo significaba liberación del error y del mal. Pablo fue un luchador con armadura completa que peleó contra el mal e incluso contra la misma muerte.

Es significativo que el amor incondicional no tiene nada que ver con la pusilanimidad o la indecisión ante la batalla. Por el contrario, los que están llenos de vida y sujetos al amor tienen que luchar hasta la muerte. Donde tienen que librar su batalla, con la mayor severidad, es dentro de sí mismos, contra todo lo que es perjudicial para la vida, hostil a la comunidad y a Dios. Sin embargo, nunca pueden ser duros con los demás, aunque quizá parezca severa su lucha con amor apasionado y vivo contra el mal en otros y en los asuntos públicos. Y su lucha no puede seguir siendo un asunto privado; tiene que convertirse en una oposición pública contra todo mal en todas las situaciones humanas y sociales.

Es un error decir que los que trabajan por amor de esta manera son moralistas e incluso legalistas. Su actitud hacia la gente y las instituciones ha sido definida por la meta del reino de Dios. Su ética estará determinada por la naturaleza del Hijo del hombre y sus seguidores, por la verdad del amor y por la voluntad del corazón de Dios. Deben vivir una vida de amor en la actitud del mundo futuro y en la perfección de Dios, porque no hay otra vida.

Esto nos lleva a un tema antiguo: la perfección. Ciertamente nosotros no estamos libres de pecado. Pero hoy la gente habla sobre la necesidad del mal y la común esclavitud de la humanidad en la culpa, y esto lleva a consentir la implicación en la culpa. Resulta irónico que la gente descarte la paz mundial de la que los profetas dan testimonio. Rechazan la eliminación del gobierno proclamada en el Apocalipsis de Juan y la transformación del orden social presente a través de la iglesia comunidad. Desechan la comunidad como expresión del verdadero amor.

El hecho de que desdeñen todas estas cosas muestra que ya no adoptan una actitud contraria al mal. Evitan la elección decisiva que Jesús representa: Dios o *mammona*. Han dado la espalda a la claridad de Jesús, que nos reta a decir «sí» o «no», sin que quepa una respuesta intermedia. Han aceptado una situación paradójica en relación con Dios; todo lo que pueden decir en su vanidad es «sí y no» o «no y sí» simultáneamente. ¡Tenemos que luchar contra esto!

Ellos nos presentan un desafío: «¿Acaso quieren librar una batalla general contra toda clase de mal?». Y nosotros respondemos: «Sí, exactamente de eso se trata». Para esto vino Jesús al mundo; él nos llamó y nos envió a luchar contra todo mal en todas las cosas. Él vino a destruir las obras del diablo. ¡Dios es luz y en él no hay tinieblas!

Arnold sabía discernir claramente los espíritus del bien y del mal, y, aunque era compasivo para con los que luchaban contra el pecado, no estaba dispuesto a contemporizar cuando había que luchar contra aquellos espíritus que se oponían a la vida y la comunidad. En una ocasión, en un centro de retiros en Londres, se enzarzó en una acalorada discusión con un teólogo suizo. La propietaria, Doris Lester, pidió a Arnold que se tranquilizara y le dijo que Gandhi había estado allí la semana anterior y había sido amable y tranquilo, un invitado ejemplar; ¿no podía él hacer lo mismo? Pero Arnold no estaba interesado en lo que la gente pensara de él. Si quería ser un siervo de Dios, tenía que protestar contra el mal, gritando si era preciso.

El reino de Dios: presente y futuro

«Este es el Sermón del monte con toda la fuerza de su impacto, sin que se haya disminuido en nada su importancia, con su carácter absoluto e incondicional. Aquí no se puede transigir. Quien quiera pertenecer al reino debe entregarse por completo y llegar hasta el final». Esto es lo que escribió Erwin Wissman en un número de 1919 de la publicación alemana Die Furche, *elogiando una reciente conferencia de Arnold en un encuentro de jóvenes en Marburgo.*

De hecho, a Arnold le importaban poco las deslumbrantes críticas literarias, pero Wissman emplea correctamente los adjetivos «incondicional» y «absoluto»: este discurso sentó las bases para la fundación de Sannerz, la comunidad de Arnold, solo un año después. Para Arnold las palabras sin obras no solo eran insensatas sino también fraudulentas. La Escritura no tenía que ser analizada o interpretada, sino vivida y obedecida. Esto era difícil, y hasta inconcebible, si dependía de la fuerza humana o de la voluntad moral. Pero no era así; dependía solo de la nueva vida del Espíritu.

La expresión «Estado futuro» se usa con frecuencia: con ella subraya Arnold su creencia en que el reino de Dios es un gobierno, un Estado en el que Dios gobierna sobre los seres humanos.

Juan el Bautista proclamó un Estado futuro de justicia social, el reino de Dios, que iba a venir a la tierra. Él insistió en la transformación completa porque creía que el reino de Dios estaba cerca.

Aunque las muchedumbres acudían a él en tropel para encontrar perdón y renovación, Juan sabía que era otro el que tenía que traer el Espíritu transformador y santificador, sin el cual la revolución de Dios no podía echar raíces. Esta persona era Jesús, el ansiado Mesías, cuyas obras siguieron a las proclamaciones proféticas de Juan. También Jesús actuó guiado por la inminencia del reino de Dios. Todo lo que decía apuntaba a la transformación revolucionaria de la vida terrena por Dios.

Jesús bautizó en el Espíritu. Si permitimos que sus palabras actúen en nosotros, nos despertará un viento refrescante que penetrará en nuestros cuerpos. Jesús dijo acerca del reino de Dios: «Lo que nace del cuerpo es cuerpo; lo que nace del Espíritu es espíritu». Y también: «quien no nazca de agua y del Espíritu no puede entrar en el reino de Dios». De esta manera declaró que el reino futuro sería imposible sin un nuevo nacimiento. En esto, como en todo lo demás, vivió en la verdad según la cual la sociedad solo podía ser transformada por medio de una renovación de la vida espiritual.

Jesús nos enseñó con más claridad que ningún otro profeta cuáles son las características del Espíritu, sin las cuales no podemos lograr ni la renovación interior ni el Estado futuro sobre la tierra. En el Sermón del monte dice que los pobres, los que sufren, los misericordiosos y los que aman son bienaventurados y heredarán el reino de los cielos. Y nos ordena: no acumulen tesoros en la tierra; pongan la otra mejilla; den la túnica y el manto; amen por igual a los amigos y a los enemigos; ayuden sin cesar y bendigan incondicionalmente.

¡Qué pocos consideran lo que Jesús quiere decir realmente, las exigencias morales implícitas en estas palabras! La mayoría de los cristianos conocen el Sermón del monte, pero para muchos es algo completamente enigmático. Sin embargo, Jesús caracteriza en el sermón la vida interior, que es lo único que puede producir la verdadera justicia social. Contiene los secretos del reino de Dios y por ello solo puede ser revelado por Dios mismo. Únicamente en comunión con Dios podemos esperar el reino futuro y permanecer en él.

El colmo de la hipocresía es orar cada día para que venga este reino, que se haga la voluntad de Dios en la tierra como en el cielo y, al mismo tiempo, negar que Jesús quería que este reino se pusiera en práctica ahora en la tierra. El que pide el reinado de Dios debe estar decidido de todo corazón a cumplir sus mandamientos. Los que piensan que el Sermón del monte no se puede poner en práctica deberían recordar las palabras con las que concluye: «No todo el que me dice: "Señor, Señor", entrará en el reino de los cielos, sino solo el que hace la voluntad de mi Padre que está en el cielo».

El reino de Dios es el reino del amor. Este amor no hace acepción de personas, porque es libre y no se puede retener. Estamos rodeados por lo relativo, lo imperfecto y lo condicional, todo lo que se acomoda a las circunstancias. Pero los que viven como Jesús viven en lo absoluto, lo incondicional y lo perfecto. Poseen a Dios y su reino en el presente. Son libres de las influencias que los rodean. Lo que son, y lo que poseen, tiene un efecto transformador en su entorno.

Esperar el futuro de Dios significa creer en la voluntad absoluta de Dios para el presente. Futuro y presente están caracterizados por la misma intensidad de experiencia interior; ambos son interdependientes. Y el reino de Dios no puede ser del mundo tal como es hoy. Pero es para el mundo y al final tiene que transformarlo por completo. Los seguidores de Cristo son enviados a trabajar entre la humanidad, a ejercer su influencia en el mundo, igual que el mismo Jesús. Ellos tienen que ser representantes del reino futuro, y su misión y sus acciones no pueden ser diferentes de las de Cristo: liberar tanto el alma como el cuerpo y sanar todo sufrimiento y tormento.

Como Jesús, deben vencer la tentación de producir pan con medios malignos o la de obtener el control en la esfera política. Todo esto sería contrario al Espíritu de Dios. Han sido enviados como corderos indefensos en medio de lobos voraces y rechazan todas las formas de agresión. Por obediencia a la palabra de su Señor han envainado sus espadas, porque sus únicas armas son el amor y el Espíritu. Saben que este Espíritu de Jesús es el poder supremo, al que ningún otro poder puede oponerse. El que los envió no quiere destruir la vida sino salvarla, y, como hijos del Espíritu, ellos no pueden olvidar a qué espíritu pertenecen. Por ello, tampoco pueden arrojar fuego destructor sobre personas y ciudades. El único fuego encendido por Jesús es el fuego del amor. Lo que él quiso, por encima de todo lo demás, fue que esta luz y este fuego ardientes se extendieran por toda la tierra.

Jesús sabía cuál era la resistencia que había que superar en el ámbito espiritual antes de conseguir la victoria. Solo puede participar en la vida de Dios quien tiene una voluntad completamente firme. Lo absoluto solo puede ser logrado por la totalidad. Por ello hay que aborrecer la vida vieja y degenerada. Uno tiene que odiar a su padre y a su madre, a su esposa e hijos, y hasta la propia vida, siempre que esta trastorne y destruya la nueva vida.

Esta es la razón por la que Jesús dijo al joven rico que vendiera sus posesiones, lo siguiera y viviera para los pobres. Y también es la razón por la que él mismo no tenía dónde dormir. Jesús dijo a sus amigos: «Vendan sus bienes . . . cualquiera de ustedes que no renuncie a todos sus bienes, no puede ser mi discípulo».

Ver esto solo como una negación de las cosas terrenales es interpretar mal lo que es verdadero y esencial. Jesús estableció un contraste entre la riqueza de los tesoros almacenados y la riqueza de la vida en Dios. Recoger la cosecha más abundante o construir el granero más grande no puede beneficiarnos si perdemos la vida eterna. La propiedad o la abundancia de bienes terrenales nunca puede dar vida. Para encontrar la verdadera felicidad en la tierra debemos estar llenos del amor de Dios y atesorar tesoros en el cielo.

El amor, que hace que la vida se viva en plenitud, debe generar amor. Es la única riqueza de la vida. La persona que vence el egoísmo gana la vida. Jesús dice que el amor de Dios es el amor más grande en la vida de una persona, y que amamos a Dios siempre que amamos a los otros tanto como a nosotros mismos.

Jesús mostró la mayor compasión hacia los enfermos y los pecadores. Los que tienen su espíritu se sentirán atraídos por las víctimas del prejuicio y se sentirán empujados hacia los que sufren por su propia culpa o por la de otros. Jamás se creerán benefactores, sino que experimentarán el cumplimiento de su llamado más profundo en el servicio a todas las personas.

Jesús dice que esas personas no tendrán conciencia de que sus vidas se parecen a la de Cristo. Vivirán para los hambrientos y sedientos, para los sin techo y los desnudos, los enfermos y los encarcelados, pero no sabrán lo que han hecho hasta que se les diga: «todo lo que hicieron por uno de mis hermanos, aun por el más pequeño, lo hicieron por mí».

Sus vidas estarán tan profundamente inmersas en el espíritu de comunidad que ninguno de ellos se esforzará por obtener una posición elevada. Buscarán la manera más sencilla de servir y de ayudar al mayor número posible de personas. Amarán especialmente a sus enemigos y vencerán las resistencias con auténtico amor, con actos de servicio práctico y con su sincera intercesión.

Una vida de esta naturaleza solo es posible si podemos hacernos jóvenes una y otra vez, si podemos volvernos espontáneos y confiados, libres y auténticos, amando a todas las personas de la manera en que lo hacen los niños. Solo si tenemos una confianza como los niños, podremos hacernos uno con Dios: «el que no reciba el reino de Dios como un niño, de ninguna manera entrará en él». ¡El reino de Dios pertenece a los niños!

Y el reino de Dios irrumpe allí donde está vivo un espíritu de amor como el de los niños. Es como un hombre sepultado vivo en un terremoto: al principio se debate en la horrible e insoportable oscuridad, pero cuando de pronto abre una brecha en los escombros, el aire fresco entra precipitadamente. Está de nuevo unido con el mundo que ansía, aunque no puede subir hasta él. De la misma manera, los que estamos apresados en el momento presente nos veremos abrumados por los poderes de la eternidad tan pronto como podamos abrirnos a lo eterno y absoluto, lo divino y perfecto.

— Ensayo, 1919–1920

Los que dejan de pensar en el mundo físico y ponen todas sus esperanzas en la vida después de la muerte son falsificadores de la verdad. La nueva redención ha sido pensada para nosotros. ¡La nueva voluntad tiene que ser hecha aquí en la tierra!

Muchas personas a lo largo de los siglos —y especialmente Jesús— han mostrado que esto es verdad. Pero él fue asesinado y era preciso que esto sucediera. Fue asesinado por el poder militar, por el sistema legal más organizado en la historia, por las personas más religiosas que jamás hayan vivido; por los líderes del sacerdocio y la voz del pueblo. Y esto no fue una casualidad. Fue asesinado porque la gente, atada a sus posesiones, no pudieron tolerar su testimonio de la verdad.

Todavía hoy no podemos aguantar su verdad, y por ello la forzamos de todas las maneras posibles. Ya no nos atrevemos a aceptar la claridad de sus palabras sobre el amor a nuestros enemigos, aunque todo lo que nos enseñó se contiene en sus sencillas palabras: «en todo traten ustedes a los demás tal y como quieren que ellos los traten a ustedes».

Siempre me asombran las personas piadosas que se preocupan por el alma de los otros, pero no son capaces de ver las necesidades del prójimo que se muere de hambre. Saben perfectamente cuáles son esas necesidades, pero las ignoran y no las satisfacen. ¿Cómo pueden confesar a Cristo? Avanzamos por el camino de Jesús solo cuando lo dejamos todo para ir con él. Esto significa defender a todas las personas, y en primer lugar a los oprimidos. Así es como vivió él mismo y así es como muchas personas han vivido a lo largo de los siglos.

El siglo xix deformó la imagen de Jesús de una manera asombrosa. Actualmente nos encontramos en una crisis; nuestras acciones ya no se corresponden con nuestras palabras. Los que se llaman ateos dan testimonio del futuro del amor y son testigos de la solidaridad con los despojados y los desposeídos, mientras que los que se llaman cristianos son en su mayoría los poseedores y preservadores del *statu quo*. Esto no siempre fue así. En los siglos pasados no solo individuos como Francisco de Asís sino multitudes de personas se apresuraron a ayudarse en comunión mutua.

En esta era materialista vemos que el mandamiento que Jesús nos dio en el Sermón del monte, «busquen primeramente el reino de Dios y su justicia, y todas estas cosas les serán añadidas», no ha sujetado a la cristiandad. Por ello, la revolución futura tendrá que ser la inversión y reevaluación de todos los valores, la revolución de todas las revoluciones.

Esta revolución tiene que ser tan radical que engendre la hermandad de la humanidad. Y este afecto fraternal solo puede surgir del espíritu de hermandad; solo llegará cuando el punto de partida, la meta y los medios de la lucha estén guiados y determinados por el espíritu de hermandad. Por ello confieso mi fe en la revolución más decisiva y profunda de todas: la enorme catástrofe mundial de todos los tiempos, la subversión de todas las cosas y todas las relaciones, que Jesús llamó el reino de Dios.

Jesús vio y sintió que esta llegada del Dios vivo a los seres humanos era el único camino de acceso a la verdadera humanidad. Pero este camino demanda que entremos por la puerta estrecha. Implica la pérdida de todo privilegio y propiedad. Implica que perezcamos, que suframos al grado que a los ojos de los demás sea una ruina personal tan grave que parezca que estamos cometiendo una especie de suicidio social. Y en cierto sentido lo estamos cometiendo: «el que quiera salvar su vida, la perderá; pero el que pierda su vida por mi causa, la encontrará».

Tenemos que perder la vida a fin de encontrarla. Esto significa que nuestras vidas corrompidas son superadas, somos liberados del amor a las posesiones, del deseo codicioso. Es una muerte, pero una muerte que nos permite resucitar a una nueva vida. Y esta vida no es una vida de otro mundo, celestial, sino una vida física en la tierra. Es la vida de la que dieron testimonio los primeros cristianos: la vida en que nuestros cuerpos se convierten en templos del Espíritu Santo, la vida que conduce a una comunidad de trabajo y de bienes.

Estamos infinitamente lejos de esta meta. Pero tenemos que confiar en el espíritu de vida, en el espíritu del amor y la unidad, de la solidaridad y la justicia. Con esta confianza conseguiremos, no una mera igualdad, sino la fraternidad y el verdadero amor.

— *Conferencia, Hannover, 1923*

3

Volverse humanos

La naturaleza necesita ser redimida. Esto no significa que tengamos que ser redimidos de la naturaleza —en el sentido de desvincularnos de la naturaleza—, sino que la naturaleza misma tiene que ser redimida, de modo que la materia, la sustancia de la primera creación, pueda ser liberada del espíritu de homicidio y de todos los demás males. Jesucristo, el verdadero hombre, el Hijo del hombre, encarnó esta redención en la vida humana.

A diferencia de los seguidores de las religiones orientales, nosotros, que nos llamamos cristianos, no tenemos que despojarnos de nuestra naturaleza humana a fin de elevarnos a esferas más altas y más santas. Todo lo contrario: Dios se hizo hombre en Jesús y esta encarnación nos trae la plena redención. Por eso también nosotros no deseamos sino volvernos verdaderamente humanos.

— *Discurso, junio de 1935*

Buda proclama: ¡Dejen este mundo y vayan al otro! Jesús dice: ¡El reino de Dios vendrá a este mundo! Buda habla del movimiento de este mundo hacia el otro; Jesús habla del movimiento del otro mundo dentro de este. Buda quiere que renunciemos a ser humanos, pero en Jesús sucede lo contrario: Dios se hizo hombre.

Solo por esto —el hecho de que Dios se hizo hombre— nosotros que somos inhumanos ahora podemos volvernos verdaderamente humanos. Y precisamente eso es lo que Jesús proclamó: «venga tu reino, hágase tu voluntad en la tierra como en el cielo»; su voluntad, la cual es una realidad en el cielo, se convierte realidad en la tierra.

¡Que venga tu reino! ¡Que venga aquí! ¡Que venga a nosotros!

Buda fue incapaz de decir algo parecido a esto. Más bien, él solo pudo decir: ¡Elévame, fuera de este mundo! ¡Llévame lejos de esta tierra, para que yo pueda entrar en tu reino!

— *Discurso, agosto de 1934*

La justicia mejor

Como su contemporáneo Herman Hesse, que escribió: «Aún no somos hombres; todavía estamos recorriendo el camino hacia nuestra humanidad», Arnold sentía que ni siquiera los seres humanos del siglo xx —con todo su progreso cultural y tecnológico— eran todavía verdaderamente humanos. Con todo, aunque los seres humanos no eran todavía perfectos, Jesús sí lo fue, y exhortó a sus discípulos a ser tan perfectos como su Padre. En este ensayo de 1919, Arnold nos desafía a buscar la misma perfección. Pero nos recuerda que tiene que nacer del Espíritu y no puede guardar ninguna relación con la justicia de los escribas y fariseos.

Jesús nos trae una nueva ética en el Sermón del monte. Mientras que la moralidad de los escribas y fariseos es una justicia exterior —el producto del legalismo y la coacción de la sociedad, la Iglesia y el Estado—, la nueva justicia pone de manifiesto su naturaleza como libertad interior. Independiente de las circunstancias externas, rechaza las imposiciones de *mammona*. En cambio, construye sobre Dios y en comunión con Dios.

El carácter de los que pertenecen al reino de Dios es tan distinto al de todos los demás que solo pueden ser comparados con el Padre que está en el cielo: «sean perfectos, así como su Padre celestial es perfecto». Dios es la fuente de la vida y el amor. Nos hacemos hijos de Dios y obtenemos el carácter de Dios cuando nacemos de nuevo en el Espíritu de Dios. Pero la única manera de acceder a esta nueva vida es a través de la liberación de la antigua.

El mismo Jesús es el hombre nuevo, el segundo Adán, el espíritu vivificador que nos conduce, de la falta de vida en la vieja naturaleza, a la vida cálida y poderosa de la nueva humanidad. En comunión con él nos convertimos en la sal que vence la decadencia de la muerte. En él somos la luz que difunde calor vivificador y claridad de visión. En él alcanzamos la naturaleza del mismo Dios, la nueva naturaleza de espíritu y amor.

Esta nueva vida en Dios es una paradoja. Tenemos que ser decididos y resueltos, pero al mismo tiempo debemos permanecer en humildad, conscientes de nuestra total pequeñez. Solo Dios puede liberarnos de la vanidad y la arrogancia, de la piedad y el moralismo de nuestras propias fuerzas. Frente a él reconoceremos nuestra pobreza y nos convertiremos en mendigos ante él. Estaremos sedientos de la justicia de Dios.

La justicia del moralista es forzada y compulsiva, pero la justicia de Jesús es espontánea. El origen de sus obras está en el entusiasmo por la vida y en el deseo interior de actuar. Y su parábola del árbol bueno que da fruto bueno —y del árbol malo que da fruto malo— nos muestra cómo distinguir lo que es nuevo de lo que es viejo. Solo pueden ser considerados buenos aquellos hechos que brotan espontáneamente del interior. Vivimos la justicia mejor solo cuando damos frutos buenos.

Dios no puede mentir; por ello la nueva justicia es la verdad que busca expresión en todas las cosas. El moralismo del mundo, la afirmación de la fuerza y los derechos, ahora se reemplaza por el amor que no se detiene ante nada, ni siquiera ante el enemigo. Este amor establece vida y justicia. Demuestra fidelidad y pureza de pensamiento, y es paciente y misericordioso, lleno de compasión hacia todo el mundo sufriente.

La voluntad de Dios es paz y justicia. Solo los que viven conforme a ella pueden pretender ser parte de su nuevo reino. De la misma manera, Jesús demanda acciones y obras. Nos engañamos si pensamos de otra manera. Los que solo escuchan sus palabras son como el hombre necio cuya casa, edificada sobre arena, se hundió. Pero los que lo escuchan y actúan son como el hombre que construye sobre roca.

La conciencia

Hay una tendencia moderna a afirmar que incluso las reacciones más sanas de la conciencia son un signo de enfermedad que debería ser ignorado. Pero esto debe ser rechazado con la mayor determinación. La conciencia nunca debe ser silenciada, sino que debe ser guiada sanamente dirigiéndola hacia el reino de Dios. Lejos de ser menospreciada, debe adquirir un reconocimiento positivo cuando se le llena de nueva claridad y nuevo contenido. Esta liberación y plenitud conducirá a una actividad viva en todas las áreas de la vida, incluidas las áreas de la responsabilidad pública y la actividad vocacional. Especialmente en estas áreas, la conciencia que está vinculada a Cristo y su reino, puede llevarnos por caminos completamente nuevos.

Pero vivimos en tiempos de confusión, y hoy se piensa que lo que en otro tiempo se consideró anormal no solo es normal sino también necesario. La confusión actual de la conciencia con respecto al sexo es característica. En los círculos que se hallan bajo la influencia de Sigmund Freud, se trata de buscar el origen de todo tipo de perversiones sexuales en el subconsciente. De hecho, estos círculos lamentan que la conciencia haya reprimido estas perversiones en el subconsciente. Y aún peor es la manera en que los líderes espirituales interpretan esta confusión cada vez mayor, con el resultado de que ya nadie se siente incómodo.

Ciertamente la palabra «represión» es suficiente para desaprobar toda la actividad de la conciencia y proyectar una sombra de sospecha sobre ella. De hecho, esta peligrosa palabra no se aplica a una conciencia sana. Pero no carece de significación. Porque se produciría una represión fatal, una supresión enfermiza de todos los impulsos vitales, si la conciencia no fuera capaz de incitar las fuerzas del cuerpo y el alma para que realizaran tareas positivas y creativas.

Hay una razón por la que toda la idea de la represión se malinterpreta tanto en nuestra época enfermiza: el concepto de familia, tal como se acepta hoy casi universalmente, ya no corresponde a la voluntad creativa de Dios. Tanto los jóvenes como sus padres carecen del sentido de responsabilidad interior que pone toda la vida, incluidas todas las relaciones interpersonales, en manos de Dios.

A la mayoría de las personas no les remuerde la conciencia cuando se destruye la necesidad más profunda del alma: la fidelidad. Y apenas se sienten afectadas cuando se impide la concepción o se aniquila a las almas más pequeñas que quieren llegar a la existencia. Estas pequeñas almas esperan en vano que las llamen de la eternidad. Las almas humanas vivas esperan en vano ser llamadas a la constancia y la fidelidad. Y parece que son cada vez menos las personas en las que la conciencia protesta clara y abiertamente contra el desprecio hacia el espíritu creativo, contra la profanación de la fidelidad y la constancia.

La protesta interior de la conciencia nos llama a la responsabilidad y la fidelidad en nuestra vida sentimental. Quien llama a esto «represión» arroja una sombra de sospecha sobre la misma creación. La actividad de la conciencia nos proporciona nuestra única defensa contra la caída que nos amenaza, una caída que nos haría inferiores a los animales. La conciencia no está reprimida, sino que es sana cuando suprimimos los impulsos contrarios a la creación y a la vida dirigidos hacia nuestro cuerpo o el de nuestra pareja. Deberíamos ser agradecidos cada vez que la «represión» suprime deseos degenerados o asesinos.

Las personas iluminadas no permiten que los instintos seductores de la mente subconsciente influyan en los pensamientos de su alma. Condenan los impulsos pecaminosos por considerarlos irresponsables. Y no piensan que su sentido de responsabilidad sea enfermizo. Más bien, sienten que es un signo de una mente sana. Una conciencia que funciona de esta manera se encuentra en el camino hacia la recuperación; sabe que las energías de la vida están destinadas a tareas más grandes y nobles, tareas que no pueden verse impedidas o profanadas.

Como función moral del espíritu humano, la conciencia afirma todo aquello que es sugerido o inspirado por el Espíritu de Dios. Ella ocupa el lugar del profeta en el corazón humano: se convierte en la boca de Dios y debe, por ello, repetir y transmitir cualquier cosa que Dios tenga que decir. La conciencia que se halla en el camino de la recuperación clama: «Dios lo dice; Dios lo quiere; por tanto, sucederá».

La conciencia representa la unión del espíritu humano con el Espíritu divino de la manera más viva. El Espíritu de Dios quiere unirse con el espíritu humano para dar testimonio de la verdad conjuntamente. Nuestra conciencia será clara y sana en la misma medida en que hayamos aceptado el Espíritu de Jesucristo. Mantener una buena conciencia depende completamente de mantener la santa fe.

La fe y una buena conciencia están unidas tan íntimamente que el rechazo de una de ellas significa el naufragio de la otra. Por esta razón el bautismo de fe da testimonio del vínculo de una buena conciencia con Dios. Es la fe la que hace que la conciencia sea buena. Sin la fe, se extravía. Se convierte en una mala conciencia.

Por ello los apóstoles de Jesucristo dicen que los que no tienen fe tienen corrompida tanto la mente como la conciencia. Esto es inevitable porque sin fe la conciencia no tiene ancla. Y lo contrario es igualmente cierto: si hacemos caso omiso de la brújula de la conciencia dirigida por Cristo, el barco de la fe se estrellará violentamente y sin previo aviso contra el próximo arrecife.

Si queremos pelear la buena batalla hasta el final, es sumamente importante que protejamos tanto nuestra fe como nuestra conciencia. Necesitamos apreciar como un tesoro la fe en el amor dado libremente por Jesucristo. Hay que proteger la buena conciencia con la máxima vigilancia. La verdadera fe demanda una conciencia tierna y delicada como fruto del Espíritu. La fe da origen a una determinación victoriosa contra todo mal. Una conciencia sana está al servicio de la fe. La fe demanda obras de amor. De hecho, la fe es amor a Dios, amor a Cristo y amor al Espíritu Santo. Cuando nos esforzamos por mantener nuestra conciencia libre de toda ofensa en todo momento, entonces se nos concede el crecimiento y la actividad en la gracia y el conocimiento de Jesucristo, entonces nuestra vida interior se mantiene anclada en Dios y en todos los poderes de su Espíritu. Solo el amor carece de transgresión.

¡Pero no deberíamos cometer el error de pensar que, cuando nuestra conciencia adquiere de manera continua la salud y la pureza en el amor, nos volvemos sin pecado! La pecaminosidad sigue siendo característica de nuestra naturaleza. Pero la gracia de la vida sacrificada de Jesús —la gracia de su sangre— purifica continuamente nuestra conciencia por medio del Espíritu Santo. Una y otra vez la gracia la purifica de todas las obras muertas y de todas las acciones repudiables, de todo lo que viola la justicia y el amor que van de la mano con la fe. El Espíritu de Jesucristo guía a los creyentes a una vida que crece constantemente en claridad. No obstante, el creyente continúa estando unido a todos los demás por una culpa común.

Sin embargo, esta culpa ha sido borrada. Las personas son libres para hacer el bien y evitar el mal y luchar contra él. Paso a paso hay un avance hacia el reino de Dios. En la vida de Jesús Dios nos concedió el don que quita una carga tras otra de nuestra conciencia. Nos libera, pero sin hacernos impecables. No nos convertimos en dioses, pero permitimos que el reino de Dios venga a nosotros.

Podemos aceptar la voluntad de Dios en nuestra vida, solo cuando somos liberados de la maldición de una mala conciencia. Podemos hacernos uno con la santidad de Dios, solo cuando nuestros corazones quedan descargados, purificados y consagrados. El corazón está dispuesto a presentarse ante Dios, solo después de haber sido tocado por la vida sacrificada de Cristo de la manera más cercana y más íntima, después de encontrarse con Cristo mismo y unirse con él, tal y como él era, es y será.

Jesús es el camino hacia Dios. No hay otro Dios que el único que es Dios y Padre de Jesús. Cada vez que lo busquemos, lo encontraremos en Jesús. Hasta que no seamos liberados en Jesús de todas nuestras cargas, trataremos en vano de acercarnos al Padre. No tenemos acceso a Dios sin el perdón de los pecados. Y Jesús nos perdona sacrificando su vida, sacrificando su cuerpo, su alma y su sangre.

Por medio de Jesús, Satanás, el acusador de nuestros hermanos, queda silenciado. Tampoco a la conciencia se le permite volver a acusar. Incluso las acusaciones más crueles que la sangre humana pueda presentar, quedan silenciadas. Si él, el Hijo del hombre, está a favor nuestro, nadie puede condenarnos. A partir de este momento ninguna acusación puede impedir que nos acerquemos a Dios.

La conciencia que solía ser nuestro enemigo se convierte, en Cristo, en nuestro amigo. Antes de que ella estuviera en Cristo, tenía que condenar nuestra vida; ahora afirma la nueva vida dada en Cristo. Liberada de toda impureza a través de la comunidad con Cristo, acepta la seguridad y la certeza dadas en Jesucristo. Así pues, la conciencia se convierte en un representante de Dios. Se convierte en la voz de aquel que es enviado por Dios al mundo interior de nuestra alma.

Y donde el Espíritu de Dios proclama el perdón y la paz, la conciencia será estimulada a actuar. Ninguna de las áreas de la vida escapará, porque la conciencia libra su batalla contra todo mal. Responderá al ataque, de modo que donde no hay paz, se haga la paz; donde todo está encadenado, amanezca la libertad; donde reina la injusticia, la justicia ocupe su lugar; donde el amor se ha enfriado, irrumpa la alegría; donde las personas viven para sí mismas, nazca la comunidad.

— *Innerland*

Abandonar la fe, negar a Cristo y su amor, es lo más terrible que puede sucedernos. Todos somos débiles y podemos caer en el pecado si no estamos protegidos por la bondad de Dios. Pero nuestro amor y nuestra confesión de Cristo deberían permanecer imperturbables como la realidad más profunda de nuestros corazones. Cristo es la voz última en nuestros corazones. Nunca podemos negar esto. Si contemplamos las profundidades de nuestro corazón, lo encontraremos. Podemos olvidar todo lo demás, pero no nuestro amor a él, nuestra confesión de él, nuestro anhelo por él y nuestra dedicación a él. Solo Cristo puede salvarnos. Él es el amor perfecto y que perdona. Todo depende de esta única cosa: ¿crees en él? ¿Lo amas?

¿Qué bien hay en lamentar nuestro pecado? Solo una cosa importa: que creamos en Cristo, lo amemos y confiemos en él. Si nosotros ahora sentimos cómo todo el mundo infeliz se desmorona y qué engañosas son las palabras «amor», «paz» y «justicia», entonces sabemos que solo hay un hombre verdadero, que se llamó a sí mismo el Hijo del hombre, el Niño del hombre. Para nosotros solo Cristo permanece.

No tengo ninguna otra cosa a la que aferrarme sobre la tierra; ninguna otra cosa en la que creer por mi prójimo, por las personas cercanas a mi corazón; ninguna otra cosa en la que confiar por nuestra comunidad; ninguna otra cosa a la que aferrarme por un mundo que se hunde. Tengo que confesarlo: ¡no tengo nada más que solo a Cristo!

El Espíritu Santo se aflige cada vez que se pone en primer plano el mérito —o el demérito— humano. Por consiguiente, no deberíamos mirar a los seres humanos, sino a Cristo. Esto es especialmente cierto para los que se encuentran atrapados en un foso, los que se encuentran profundamente hundidos en el fango. Lo único que pueden hacer es esperar pacientemente en el Señor. Tienen que esperar hasta ver la mano que se extiende hasta ellos, la mano que les devolverá la seguridad y los pondrá en suelo firme. Esta es la actitud correcta de la fe: esperar en Dios con absoluta certeza y con la claridad más íntima. Y estas personas, una vez que han sido sacadas del foso, ya no volverán allí. No, solo tendrán un deseo: estar con Cristo y participar de su amor. El amor de Cristo penetra incluso en la oscuridad más profunda.

Este es el evangelio de Jesucristo. Esta es la razón por la que murió en la cruz, por la que aceptó la agonía del abandono de Dios, y lo hizo todo por amor. Este es el evangelio. Para esto resucitó de entre los muertos: para poder reinar sobre los vivos y los muertos, de modo que nosotros ya no vivamos ahora para nosotros mismos sino para él. Este es el perdón del pecado: la seguridad de que su amor es mayor que todo lo demás. Por invencibles que puedan parecer los poderes del pecado, por muy oscuras que parezcan las fuerzas de la enfermedad, por encima de todo está el poder del amor, que perdona, restablece y fue revelado en Jesucristo. Así pues, amémoslo, porque él nos amó primero. ¡Creamos en él, amémoslo, sigámoslo!

— Discurso, octubre de 1935

4

A menos que se vuelvan como niños

Una característica quizá única de Arnold fue la atención que prestó a las palabras de Jesús sobre los niños y la necesidad de volverse como niños. Por esta razón a menudo lamentó su inclinación teológica, pues a su juicio fue no solo un don sino también un castigo. Se sentía atraído por los niños y por aquellas personas a quienes otros menospreciaban como ingenuas. Y urgió a sus amigos, tanto teólogos como filósofos, a que se inclinaran ante Dios y se volvieran niños.

Ernst, somos compañeros en el sufrimiento. Ambos tenemos una vena teológica. Esto es un don de Dios, pero es al mismo tiempo un gran peligro que hace muy difícil vivir completamente desde lo que es genuino, desde las profundidades del propio ser, desde la fuente directa del ser.

Hace años deseaba haber crecido como un obrero industrial. Pero eso era un deseo insensato. No podemos cambiar lo que somos. Y, sin embargo, tenemos que llegar a ser libres de la introspección teológica; tenemos que dejarnos vencer para la santa causa por un fuego ardiente e interior. En primer lugar tienes que llegar a ser libre de tu pronunciada tendencia a teologizar y, en segundo lugar, de tu voluntad marcadamente estrecha. Acepta tu destino: eres un teólogo. ¡Pero ahora tienes que volverte niño!

— Charla, marzo de 1933

El reino de Dios pertenece a los niños. Por esta razón accederemos a la verdad divina, solo si tenemos el espíritu de la inocencia. Ciertamente esto no significa que no debamos ser hombres y mujeres de verdad. El espíritu de inocencia no es inmaduro, sino que más bien se une con la verdadera masculinidad y la verdadera feminidad. Es el espíritu de la confianza absoluta, de la humildad y la paciencia, el espíritu que se alegra y se pierde en el objeto de su amor y está libre de la contemplación de sí mismo. Se entrega completamente, sin tener en cuenta el esfuerzo y el sacrificio, y se consume como si estuviera absorto en el juego. Es el espíritu del valor, porque el verdadero niño —como el hombre o la mujer auténticos— nunca tiene miedo ni es temeroso. Es la respuesta a todas nuestras necesidades, porque el espíritu de los niños procede del Espíritu Santo. Y debemos creer que este Espíritu existe realmente y que nosotros podemos recibirlo.

— Charla, agosto de 1933

Los niños son abiertos, como libros abiertos. Están frente a nosotros con los ojos abiertos de par en par; nos permiten contemplar libremente sus pequeñas almas. Mientras les permitamos ser niños nos contarán inmediatamente lo que sienten: los que les gusta y los que les disgusta. Los niños auténticos nunca permanecen callados cuando una persona está presente, para hablar después sobre ella a sus espaldas. Ese engaño cobarde no se encuentra nunca en los niños. Los niños son completamente abiertos. Ellos siempre revelan lo que hay en su corazón. Y así actúan en la iglesia de los creyentes las almas como las de los niños. Si ven algo que no debería existir, dicen lo que piensan, directa e inmediatamente. Son completamente honestos y sinceros.

El capítulo 18 del Evangelio de Mateo contiene profundas palabras de Jesús sobre el espíritu de los niños. Ser un discípulo debería significar ser un aprendiz, ser un niño. Pero con frecuencia los discípulos tenían un espíritu contrario al de los niños. Querían aprender de Jesús, pero todavía no tenían el espíritu de los niños. Un día se acercaron a Jesús y le preguntaron: ¿Quién es el más grande entre nosotros? ¿Quién desempeñará el papel más importante? ¿Quién tocará el primer violín? ¿Quién será el más grande en el reino de Dios? Fue entonces cuando Jesús llamó a un niño pequeño, lo puso ante ellos y les dijo: «a menos que ustedes cambien y se vuelvan como niños, no entrarán en el reino de los cielos».

Si somos como niños, no pensaremos en preguntar quién será el más grande en el reino de Dios. Si pedimos ser los más grandes y los primeros, terminaremos siendo menores que los más pequeños. Los que se sienten inclinados a tener el derecho a disponer, a decir la última palabra en la iglesia, no entrarán en el reino de Dios . . .

Jesús dijo: «el que recibe en mi nombre a un niño como este, me recibe a mí». Cuando la iglesia recibe a un niño pequeño, recibe a Jesús, de verdad recibe a Jesús en persona. Y la palabra «niño» incluye a todos los que tienen corazón de niños: los que son castos, los que tienen un corazón puro, los que no quieren ser grandes, los que son incapaces de mostrar la grandeza de sus obras. El que recibe a estas personas recibe a Jesús. Cualquiera que respeta a estas personas tiene respeto por Jesús.

El único espíritu que Jesús reconoce es el espíritu de los niños. De esta manera resulta clara una de las cosas más severas jamás dichas por Jesús: «si alguien hace pecar a uno de estos pequeños que creen en mí, más le valdría que le colgaran al cuello una gran piedra de molino y lo hundieran en lo profundo del mar». Jesús dice que para esa persona sería mejor no vivir: «¡Ay del que hace pecar a los demás! Si tu mano o tu pie te hace pecar, córtatelo y arrójalo . . . Y si tu ojo te hace pecar, sácatelo y arrójalo». Y nos advierte: «no menosprecien a uno de estos pequeños. Porque les digo que en el cielo los ángeles de ellos contemplan siempre el rostro de mi Padre celestial».

¡Admirables palabras! ¡Qué infinitamente profunda fue la intuición que situó estas palabras sobre la necesidad de cortarse la mano o el pie y arrancarse el ojo, junto a las palabras sobre los niños! Más le vale a la iglesia que le arranquen el ojo que lo supervisa todo, o que le corten la mano que guía, antes que un niño pierda su espíritu inocente. Es mejor morir que corromper a un niño, que privarle de su espíritu inocente.

Todo aquello que pone fin a la infancia es corrupción. Todo aquello que destruye la verdadera naturaleza de un niño es corrupción. Despreciamos a los niños no solo cuando los conducimos al pecado, sino cuando les privamos de su naturaleza sencilla, confiada e inocente de su infancia en cualquier forma. Por eso Jesús nos llama a tener a los niños en la más alta estima, a amar el espíritu de los niños, a no anhelar otra cosa que no sea volvernos como niños.

— *Charla, octubre de 1935*

5

Amor divino y amor humano

En este ensayo de 1921 Arnold mantiene que el amor sexual representa solo una pequeña parte del intensísimo amor de Dios. Como tal, el eros *no es intrínsecamente sospechoso, sino que debe ser celebrado, mientras permanezca subordinado al* agape. *Esta osada afirmación es coherente con la concepción de Arnold según la cual la naturaleza debe ser redimida para Dios, y la idea de ser redimido «de» nuestra naturaleza terrenal sencillamente no es cristiana.*

En *Canción de Navidad*, Dickens presenta a un comerciante anciano y rico en el que ha muerto casi hasta la última chispa de amor. Su vida se ha arruinado porque lo único que ha hecho en ella ha sido dedicarse a ganar dinero. De él solo brota frialdad; es un hombre sin corazón. Hasta tal punto que ningún niño en la calle se atreve a preguntarle qué hora es y ningún mendigo se acerca a él para pedirle ayuda.

En una soledad mortal vive una existencia puramente comercial, privada de relaciones humanas. Ha sacrificado incluso al amor de su juventud al ídolo del dinero. Cualquier esperanza pura que hubiera podido tener en otro tiempo se ha visto consumida en su búsqueda de reconocimiento y éxito; cualquier noble sentimiento se ha extinguido en su ansia de beneficios económicos. Pese a ser un hombre de considerable fortuna, es una criatura sin alma. Su vida está tan sumamente alejada de la comunidad humana que su muerte no es más que la confirmación de una condición establecida desde hace mucho tiempo. Solo si el espíritu de su juventud se despierta de nuevo podrá su frialdad y vacío solitario dar paso al calor de Dios.

Nadie puede vivir sin amor. Los que no tienen amor envejecen y mueren; en verdad, ya están muertos. Allí donde el amor enferma y degenera, la vida más íntima está envenenada. Quienes permiten que el deseo y el anhelo ardientes del amor no sean usados sufren la pérdida de su posesión más preciosa.

En lo más profundo todos nosotros nos preocupamos por el amor. Todos nosotros sentimos que el amor es nuestro destino. Pero hay muchas personas que, en momentos de angustia, tienen miedo a la vida amorosa; les parece que el amor es como un fuego tan ardiente que debe ser evitado. Otros, no más resistentes, se acercan demasiado al fuego abrasador y se queman. Permiten su propia destrucción en un fuego que arde lentamente. Su persona exterior se deteriora porque permiten que se arruine su ser interior.

Para la mayoría de las personas el amor es un laberinto en el que cada paso parece un error garrafal. No han descubierto el secreto de cómo guiar la corriente viva hacia el cauce acertado. Sienten que todo amor tiene que terminar en Dios, igual que todos los ríos van a parar al océano. Son conscientes de que gran parte del agua se pierde o se evapora en lugar de encontrar su destino. Lo único que quieren es la plenitud de su ser y el ser de Dios, pero les falta la visión necesaria para establecer la separación entre la fuerza pura y original del amor y sus formas debilitadas.

Nuestro lenguaje tiene solo una palabra, para expresar los numerosos y diferentes grados del amor, incluidas todas sus formas enfermizas y desviadas. Esta pobreza lingüística oculta el misterio del amor, y no distingue entre las relaciones de cuerpo y alma, que son sanas, de las que son enfermas. Los griegos, por su parte, establecieron una diferencia entre el *eros*, que incluye pero no se limita al deseo posesivo, y el *agape*, que es el amor divino, el amor de Dios que todo lo abarca y se da a todos.

La gente pregunta con frecuencia cómo se relacionan estas esferas del amor. Algunos se inclinan a negar cualquier diferencia esencial entre el amor posesivo y el afecto personal, mientras que otros tratan de separar el amor «santo» de todo contacto con el *eros*. Y otros insisten en que, ya que no puede haber irradiación de amor sin energías eróticas, el amor divino no existe en absoluto.

Solo los que se han distanciado de Dios pueden ver las cosas de esta manera. Los que han sido inundados por Dios saben que todas las formas de amor, sin que importe su impureza o deformación, son simples reflejos del amor interminable y desbordante de Dios. Están seguros de que solo el amor santo de Dios es esencial en la vida amorosa y saben que la única cuestión importante sobre el amor es si permanece en contacto con este centro de vida o se aleja de él.

Los científicos han señalado que las áreas del cerebro responsables de la experiencia religiosa y de la experiencia del amor, son adyacentes. En ello subyace un profundo simbolismo que apunta a la verdad última: «Dios es amor. El que permanece en amor, permanece en Dios, y Dios en él». ¡Incluso los sentimientos más degenerados y sucios del amor tienen algo de Dios escondido en ellos! Es triste que tales sentimientos consuman lo que es de Dios dentro de ellos, hasta tal punto que una persona que se ahoga en la carne ya no da ninguna cabida a Dios en absoluto.

Los que malgastan las energías de su amor en la intoxicación de los sentidos privan de su poder vital a los centros adyacentes del cerebro. Agotan y arruinan su sensibilidad para la vida de Dios. Se vuelven sordos a los impulsos más nobles que provienen del corazón de Dios. Su visión está nublada y caminan a tientas en la oscuridad. Pero Dios ve con ojos puros. Dios nos inunda con su *agape*, el amor divino que carece de lujuria o afán de posesión.

Muchas personas identifican al *eros* con la lujuria, que en la peor de sus formas cambia continuamente una posesión por otra. Pero la vida erótica puede ser gobernada por el *agape*. La frecuencia con que realmente sucede esto es otra cuestión.

En este mundo visible de tiempo y espacio, somos incapaces de relacionarnos unos con otros sin experimentar las atracciones y repulsiones de cuerpo y alma. Esta es la esfera del amor emocionalmente estimulado, manifestado cuando dos personas se toman de la mano, en el encuentro de la mirada, al caminar juntos codo con codo. Es la comunión en palabra y canto, al caminar y hacer deporte; es la amistad en las alegrías y en las penas, en la fe y la esperanza; es la comunidad humana sin la cual no podríamos vivir.

Nos alegramos por estos poderes del *eros*, que no pueden ser confundidos con el erotismo seductor. Porque *eros* no representa la mera lujuria, sino experiencias comunitarias del alma que pertenecen a una atmósfera relativamente pura. Sin embargo, el aire más puro del amor es el aliento del Espíritu que proviene de Jesús; Sócrates y Platón solo pudieron sentirlo.

La esencia y la base de toda vida y comunidad es el *agape*, el amor que proviene de Dios y conduce a Dios. El *agape* es el amor que nunca termina y no tiene límites. Es la revelación de lo trascendente en lo inmanente, la revelación de lo espiritual en lo material, de lo cósmico en lo terrenal.

El amor entre dos personas o entre los miembros de una comunidad solo puede llegar a su plenitud en la eternidad inagotable y eterna de Dios. Solo en Dios el amor puede fluir libremente a través de nuestra vida; solo en Dios podemos irradiar un amor libre del deseo posesivo del *eros*. Solo en Dios la intoxicación de los sentidos puede reemplazarse por el éxtasis del Espíritu divino, que con tanta frecuencia se confunde con el ascetismo. El *eros* se ha sometido al gobierno del *agape*. El Espíritu que todo lo abarca ha reemplazado a la voluntad aislada y posesiva.

El mismo Nietzsche reconoció que todo amor conduce a lo eterno y lo interminable: «¡Todo deseo busca eternidad, una eternidad honda y profunda!».

También Goethe reconoció el poder del *eros*: Fausto al principio se regocija en lo físico, pero al final encuentra la plenitud en la edificación y la preservación de la comunidad humana.

Nuestra vida amorosa determina nuestro destino en el sentido más serio de la palabra. O bien el *eros* nos arroja al abismo infernal de la autodestrucción demoníaca o nos eleva a las alturas puras de Dios. Esto depende de la naturaleza interior de nuestra vida sentimental, de la naturaleza de los poderes espirituales con los que nos alineamos. A veces puede suceder que no sepamos si nos hemos unido a los poderes de las tinieblas o a la luz de Dios, pero esto resultará obvio por el efecto que tenga nuestro amor. El que acude a una prostituta se hace carne y espíritu con ella. Cuando el varón y la mujer se unen ante Dios y en Dios, experimentan la riqueza de sus bendiciones.

Dios establece una comparación entre la alianza que pacta con su pueblo —y la unidad de Cristo con la iglesia— y la unión del compromiso y el matrimonio. Cristo es el único objeto de la devoción de su iglesia; él suscita en ella todos los poderes del amor y del Espíritu. De la misma manera, el verdadero matrimonio despierta y desarrolla todos los poderes de la masculinidad y la feminidad. Esta voluntad —para crear algo más allá de sí mismos— debería despertar todas nuestras energías para ponerlas al servicio de la voluntad de Dios.

Pero incluso si el camino del matrimonio se ve obstaculizado por experiencias amargas o por una inclinación invertida, aún podemos encontrar felicidad gracias al amor de Dios. No tenemos que apartarnos de la vida y el amor con amargura, ni reprimir lo mejor en nosotros volviendo a los deseos posesivos. Más bien debemos aceptar ese llamado superior, en el que todos los poderes del amor se suscitan y reavivan por el generoso y alegre amor de Dios. Entonces ninguna parte de la energía del amor quedará estéril ni inactiva; tampoco se suprimirá ningún poder de vida. Pero debemos elevarnos por encima del humo y la niebla para que nuestra visión llegue a ser libre y nuestros corazones más amplios; debemos abrir nuestros pulmones al aire puro. Aquí encuentra el amor su sentido, porque no quiere nada para sí mismo, sino realizarse mediante una entrega generosa.

Es verdad que en el amor de Dios, que afirma la vida, existe un cierto ascetismo, un ascetismo que rechaza el deseo posesivo. Ahora bien, los que están liberados de lo sexual de esta manera se cuentan entre las personas más felices. Son capaces de amar de una manera más abundante que otros, porque todo su tiempo y sus fuerzas son libres, porque el *agape*, el amor de Dios, domina en sus relaciones con los demás.

Muchas personas que luchan contra la degeneración y la corrupción terminan abrazando un ascetismo puramente negativo. Pero Jesús no quiso esto. Él no desconfió de la vida; él afirmó gozosamente todas esas fuerzas de la vida que se iluminan, penetran y rigen por el amor de Dios. Tuvo en alta estima el matrimonio y su inviolabilidad y lo honró discerniendo su profanación en el pensamiento impuro y la mirada codiciosa. Estableció el amor fraterno como signo de su iglesia y en su propia vida abrazó a todas las personas sin ansiedad ni componendas. Amó al joven rico, pero le dijo que

diera todo lo que tenía; y acogió a todos los que busca-
ban la redención de su sensualidad enfermiza cuando
permitió a mujeres de mala reputación que besaran sus
pies y ungieran su cabello. Y hasta en la cruz, dio a su
madre un hijo y a su amigo una madre.

Jesús trascendió completamente la vida del *eros*.
Él no reprimió las relaciones emocionales, sino más
bien reveló el amor de Dios libre del deseo carnal. Y el
amor de Dios es eterno e imperecedero. La codicia y
la vanidad, la posesión y la propiedad perecen ante él,
igual que los dones más elevados del lenguaje, el conocimiento y la profecía. «El que vive en amor vive en Dios,
y Dios vive en él.» El amor engendra amor. El que es
amor es quien amó primero; solo a través de él podemos
nosotros amar.

La cordialidad que proviene del corazón de Dios no
se puede producir en ningún laboratorio, por ningún
decreto, por ninguna organización. Ningún esfuerzo
amistoso o benevolencia celosa puede imitarla. El que
ha sentido su exclusivo poder vivificador, irradiando de
los ancianos o de la silla de ruedas de una persona disca-
pacitada, sabe que es independiente de la frescura física
de la juventud. Es la vida misma. Es una fuerza prima-
ria, un poder original de la fuente más profunda.

Este *agape* no conoce límites de espacio y tiempo. Es
la fuerza de la perseverancia invencible. Es fidelidad
constante y tiene fuerzas para cualquier tarea. Reviste la
energía de nuestro amor de inexpresable pureza y nunca
hiere la modestia o sensibilidad del alma. Está libre de la
arrogancia excesiva, de la pretensión y de la presunción
en su propio provecho. Es real y genuino y no tiene nada

que ver con la efervescencia pasajera o el entusiasmo superficial.

El *agape* no busca ni demanda nada para sí mismo, porque vive completamente en el objeto de su amor. No sabe nada de derechos y en cambio encuentra la felicidad dándose. Nunca es rudo, nunca se excita, nunca se deja provocar por la amargura. Ve tanto lo esencial como lo potencial en todo y no tiene en cuenta lo que todavía podría ser malo. Sin embargo, no tiene nada que ver con la injusticia. Ve el santo llamado de un alma a través de todo lo que todavía la retrasa. Evita todo lo que amenaza con obstruir el destino de una persona. Y puede hacer esto porque es uno con Dios, porque espera y cree en la plenitud final de la humanidad.

Ningún fundador de una religión, ningún filósofo o moralista ha vivido este amor como Jesús lo hizo; Jesús, que participó en la vida de lo físico y lo emocional. Y el amor de Jesús es para siempre y es ilimitado, o no es nada. Da y perdona todo e incluye tanto a los enemigos como a los amigos. No está limitado por la posesión o la propiedad. Es incondicional y absoluto y nunca se frustra por circunstancias externas. Por él, sus seguidores serán conocidos en el mundo. En él, ya no buscamos ser amados, sino amar a los demás.

Responsabilidad, deseo y amor

Eurípides dijo que el amor es lo más maravilloso, pero también lo más amargo. La gravedad de esta verdad tiene que afectarnos profundamente, porque la falta de responsabilidad en el amor es pecado. Y herir un alma y un espíritu por una pasión irresponsable es más asesino que matar el cuerpo.

La pureza es reverencia ante el significado del amor. La exposición de los secretos del cuerpo, y de los misterios de la procreación y el nacimiento, delante de muchas personas, es una falta de reverencia, una traición a lo que es sagrado y seguirá siendo sagrado solo si se reserva para que sea una gran experiencia de dos personas. Un templo se profana cuando se convierte en un lugar público expuesto a cualquier mirada profana.

La reverencia por los aspectos emocionales y físicos del amor es necesaria, porque la experiencia del amor abarca dos polos que se oponen con fuerza. La vida sentimental se extiende desde la degradación más baja hasta las alturas más excelsas, desde el aliento más sucio de la peste hasta el aire más puro del espíritu. Tenemos que amar las obras de arte poéticas, musicales y pictóricas de gran calidad, al igual que todo el ciclo de la naturaleza y de la vida; nosotros reconocemos en el amor la base de la civilización y la familia. Y al mismo tiempo vemos en el amor —o lo que se llama amor— una llama devoradora que empuja a innumerables personas infelices a la ruina y el crimen. El amor es abundancia de vida, de generación, nacimiento y creación; o lo que se llama amor es pecado y muerte, envenenamiento y asesinato de la vida.

El moralismo no tiene nada que decir sobre estas cuestiones. Los códigos civiles y las tradiciones sociales carecen de autoridad en relación con las fuerzas fundamentales de la vida. Solo hace falta pensar en la sumisión y la esclavitud en el matrimonio en el código civil alemán, contra el que luchó con razón el movimiento de mujeres. Ellas querían matrimonios fundados en la fidelidad, no basados en el deber de la ley civil. Pero lo que está en juego no son las diferentes formas de matrimonio eclesiástico o civil. Lo que tenemos que encontrar es una moralidad que sea a la vez más alta y más profunda.

La sensualidad se desvía hacia canales siempre nuevos de falsedad y aberración perversa cuando se suprime por la compulsión moral, las convenciones o el control legal. El ideal monástico no es mejor que el ideal libertino: la represión sexual, como la sujeción sexual, engendra opresión y falsedad en todas las demás áreas de la vida. Nunca se puede considerar que una persona fría y sin deseo sea una persona virtuosa.

No podemos negar que la moral legalista y la introspección neoplatónica han ejercido su influencia en el cristianismo institucional. Pero la consideración intelectual o la tradición social nunca pueden ser decisivas en esta lucha entre la vida y la muerte. No es verdad que «¡quien nunca ha dado besos prohibidos, nunca se ha embriagado con un amor pecaminoso . . . ha olvidado cómo vivir!». Lo que el Creador de la vida llama pecado es siempre una cosa: el sacrilegio contra el alma.

El *eros* no puede tener una posición excepcional en la vida. La vida sexual, como todo lo demás, está sujeta a las leyes del alma y del espíritu. Por ello, la debilidad en este ámbito arroja una luz duramente iluminadora sobre las vidas de las personas, que en lo demás parecen mostrar valor y fuerza de conciencia. La impureza nunca nos mancha desde fuera, y nunca se puede limpiar a voluntad. Se abre en nuestra profundidad más íntima como una úlcera infectada, que envenena toda la corriente sanguínea y deja tras de sí huellas indelebles en la personalidad y en el alma.

Somos más que cuerpo y alma, más que animales. Somos espíritu. La inteligencia y la razón no constituyen la totalidad de nuestro ser. Lo más profundo en nosotros es nuestra conciencia de Dios, lo que siente por el universo, su expectativa de unidad futura en todas las cosas. Lo que nos distingue de los animales es nuestro anhelo de unidad del cuerpo y el espíritu, nuestro sentido del Espíritu como la gran conexión eterna de todos los seres vivos en amor. Incluso el «ateo» Voltaire confesó que, en un país de ateos, el amor llevaría a la adoración de Dios.

Por tanto, Kant se equivocó al reconocer únicamente el frío deber y la inclinación sexual. El alma viviente se esfuerza por alcanzar lo que es último, por acceder al amor divino que es libre de la lujuria y el egoísmo, por el espíritu comunitario, la voluntad desbordante del amor, que se opone tanto a la voluntad codiciosa y sensual como al orden y la ley moralista. Nuestra vida de amor será sana y feliz solo cuando esté guiada por esta voluntad última.

Nuestro amor mutuo tiene que ser redimido. Con Agustín, debemos orar para que su «ardiente fervor por el mundo se convierta en un ardiente fervor por el Señor de este mundo»:

> Ama, pero ten cuidado de lo que amas. El amor es el yo del alma, la mano del alma. Cuando se aferra a una cosa no puede aferrarse a nada más. Si uno se aferra a lo que uno da, tiene que soltar a lo que se está aferrando.

Una clase de amor se vuelve hacia la comunidad, la otra está limitada al ego; una mira al bien de todos y piensa en la comunión espiritual, la otra trata de poner bajo sí misma incluso la causa de la comunión. El valor de las personas no se debe evaluar de acuerdo con lo que saben, sino de acuerdo a lo que aman.

— Ensayo, 1928

La nueva moralidad

Hasta que Jesús apareció, la bondad mayor que se podía ofrecer a Dios era el esfuerzo moral. La gente se esforzaba arduamente por un ideal, obedeciendo escrupulosamente mandamientos y prohibiciones, reprimiendo y sofocando inclinaciones contrarias, e intentando frenéticamente negar y mortificar la carne. Con sus fuerzas humanas trataban de subir a la montaña donde la luz no estaría oscurecida, ni el aire estaría contaminado. Pero Jesús trajo una justicia mejor que todo lo que el esfuerzo humano podía lograr, y diferente en todos los sentidos de lo que la ley y los profetas habían ofrecido.

Con todo, la ley y los profetas revelan el ser y la voluntad de Dios. Jesús no anuló ni desconoció de ninguna manera la claridad de su revelación; los que tratan de transgredir esos mandamientos morales están profanando lo que Dios estableció en la conciencia. Al hacerlo, pierden su seguridad frente a los poderes de la mentira, el odio y la codicia, que después los persiguen de una situación a otra hasta que finalmente caen presa de la muerte.

No se puede cancelar ni una sola letra de estos mandatos éticos y prohibiciones morales, hasta que el espíritu esencial de estas leyes haya sido revelado y se haya hecho carne y vida. Estos mandamientos expresan el santo «debes» de nuestra llamada interior, el santo «debes» de nuestro destino interior, el único absoluto que vive en el alma humana. Hoy son cada vez más los que rechazan estas leyes una tras otra, declarándolas nulas y vacías. De esta manera estarán mal preparados para el reino de Dios.

Antes de que la Palabra se hiciera carne en Jesús, Dios expresó la esencia de su santidad de una manera que estaba a la vez cargada de exigencia y prohibición. Él tenía que expresar su voluntad en la letra de la ley, porque no había un corazón vivo para darle expresión. La ley todavía tiene que asumir el mando donde domina la codicia, y donde aún no han arraigado la veracidad y la pureza de Jesús. El Estado, con su poder coercitivo, y la ley, con sus estatutos, son una válvula de seguridad necesaria para la masa caótica de la humanidad que, como el vapor en una caldera, estallaría si no estuviera controlada por el recipiente férreo de la fuerza gubernamental y las válvulas de seguridad de sus leyes.

Pero tan pronto como las personas están sujetas por el amor de Dios, toda la vida es diferente. Crecen unas junto a otras y se convierten en órganos de un cuerpo místico regido por el espíritu de unidad, se vuelven un corazón y un alma. La necesidad de la fuerza y la coerción, de la ley y el esfuerzo moral, queda eliminada. El verdadero espíritu, que la ley expresaba de manera imperfecta, empieza a reinar. La nueva justicia de Jesús, la bondad de corazón y la fuerza divina que abraza toda existencia humana, no está limitada por las restricciones de las relaciones legales.

Los escribas y los fariseos tenían una firme convicción, una dirección moral y una voluntad de hierro. Eran mejores que su reputación; eran moralmente rectos, personajes devotos que exigían respeto, individuos que sentían profundamente la responsabilidad para con su pueblo. Pero les faltaba el espíritu de libertad que fluye de Dios: el don de la vida que crece y da fruto.

La nueva justicia es la bondad de Dios. La naturaleza de Dios no se puede imitar o crear, y nada puede sustituir al poder de Dios. Asimismo, las obras del primer amor no pueden ser fabricadas artificialmente. Ninguna reflexión de la inteligencia, ninguna resolución o esfuerzo, puede producir el calor propio del corazón de Dios. Allí donde Dios está vivo, el amor activo ocupa el lugar del moralismo muerto.

— Ensayo, 1920

6

El amor es trabajo

Trabajar junto con otros es la mejor manera de poner a
prueba nuestra fe, de descubrir si estamos preparados o
no para vivir una vida de comunión cristiana. El trabajo
es la prueba crucial de la fe porque esa vida solo se puede
hacer realidad allí donde la gente *trabaja* por amor. El
amor demanda acción y la única acción realmente válida
es el trabajo. La comunión cristiana significa comunión
en el trabajo . . .

— *Charla, mayo de 1934*

*Aunque nunca pudo librarse de su educación privilegiada
o su tendencia a la erudición, Arnold amaba a la clase
trabajadora. Aborrecía la esterilidad y mecanización
del trabajo fabril, pero rechazaba la noción de que todo
trabajo físico fuera degradante; afirmaba que el trabajo
en las granjas o en los huertos no solo era saludable sino
también necesario para el desarrollo del alma. Por ello,
encontraba alegría y relajación en la elaboración de
abono vegetal y en la horticultura, y no dudaba en ofrecer
una segunda horca a los numerosos visitantes —incluidos
jóvenes idealistas e intelectuales— que acudían a él con
la esperanza de mantener un debate teológico. Irmgard
Keiderling, su secretaria, recuerda cómo lo vio junto al*

montón de abono con el alcalde de Quedlinburg, con un concejal de la ciudad de Múnich e incluso con el médico de Hanau.

La justicia y el amor demandan que cada uno participe en un sencillo trabajo práctico con una pala, un hacha o un rastrillo. Todos en la comunidad deben estar dispuestos a trabajar unas horas cada día en un huerto o en el campo: cavando y esparciendo abono, arando o excavando patatas; en la segadora, en el aserradero o en la tienda del cerrajero. Todos deberían estar dispuestos a dedicar unas horas cada día a este trabajo práctico. Los que hasta ahora se han consagrado al trabajo puramente mental sentirán de una manera especial su efecto humanizador.

De este modo será posible que se pongan de manifiesto los dones únicos de cada persona. La luz que parpadea dentro de cada corazón mostrará entonces su brillo, antes escondido, en la investigación erudita o en la música, en palabras expresivas, en la madera o en la piedra.

— *Ensayo, 1920*

En su esclavitud a los principios de la inversión y la ganancia, Henry Ford, el muy admirado magnate industrial, ha logrado el extremo máximo en la esclavitud asesina del alma con la maquinaria muerta. Ha robado el trabajo de sus almas hasta tal extremo que el 79% de todas las operaciones en sus plantas industriales son realizadas con un trabajo sin ninguna especialización. El 43% de sus trabajadores solo necesitan un día de entrenamiento; otro 36% solo necesita ocho días de capacitación. Solo el 21% de todos los trabajadores, mecánicos y capataces que él emplea están autorizados para aportar una mínima expresión de pensamiento y habilidad en la fabricación de sus famosos automóviles. La gran mayoría —el 79% restante— son prisioneros de su trabajo como esclavos sin alma. Están condenados a una existencia rutinaria, han sido sacrificados para la ganancia capitalista.

— *Conferencia, marzo de 1925*

La comunidad como trabajo

En este discurso de 1921, Arnold habla de la iglesia como un organismo vivo: un cuerpo dinámico, cambiante, creciente y vivo que refleja el orden comunitario del mundo natural. Sus metáforas ponen de manifiesto un conocimiento cabal de la biología moderna, en el que se inspira en gran medida para subrayar la necesidad de la comunidad no solo para las plantas y los animales, sino también para las mujeres y los hombres.

La comunidad presupone la vida. Sabemos que la vida es comunidad de vida y que no hay vida sin una comunidad de seres vivos. Esto podemos verlo claramente en la comunidad que forma el cangrejo ermitaño con el erizo de mar en las profundidades del océano. El abdomen de estos singulares cangrejos es blando y delicado, y para protegerlo se alojan en la concha de un caracol muerto. Pero ni siquiera allí están a salvo de los pólipos, esas criaturas extraordinariamente peligrosas y voraces de las profundidades marinas, que pueden sacarlos de sus conchas con los tentáculos. Por ello el cangrejo ermitaño forma una comunidad con el erizo de mar, que se pega a la concha en la que vive el cangrejo. Este erizo, cubierto de púas agudas, aprieta toda la concha con tanta fuerza que parece casi imposible despegarlo. De esta forma el erizo de mar protege al cangrejo ermitaño del peligro.

El cangrejo también presta su contribución a esta relación mutua. Proporciona movilidad al erizo de mar que, de lo contrario, permanecería inmóvil, y le permite atrapar cualquier presa que pueda cruzarse en el camino. Cada criatura comparte su excedente con la otra. Estas dos criaturas proceden de dos géneros diferentes, tan irreconciliables que jamás podrá existir una relación sexual entre ellas. Sin embargo, desde tiempo inmemorial, han representado una relación de vida como comunidad y de comunidad como trabajo.

Pero no es necesario que descendamos a las profundidades marinas para ver otros ejemplos del mismo tipo de fenómeno. En las montañas, por ejemplo, podemos encontrar los líquenes, hongos que viven en comunidad con las algas. Estas dos plantas tan diferentes son incapaces de vivir la una sin la otra. Solo pueden vivir en comunidad.

En un nivel diferente, colonias de hormigas o abejas viven en una vida común, primitiva pero poderosa, sacrificándose como obreras por la reina, a fin de proporcionar lo necesario para la propagación de toda la colonia. Estos insectos nos muestran a los humanos algo que, en nuestro deseo de progreso, hemos perdido con miserable debilidad: el instinto social para el contexto de la vida y para el desafío común.

Hay muchos otros ejemplos de la vida práctica del mundo animal. Pero no necesitamos buscar ejemplos extraordinarios e interesantes solo en el mundo de la naturaleza. ¡También existe una iglesia comunidad de hombres y mujeres en esta tierra! Por supuesto, la humanidad está dividida; aún no hemos logrado una comunidad que abarque todo el planeta. Pero el hecho de que esta iglesia comunidad existe es una realidad. Y si queremos entender la comunidad de vida, tiene que manifestarse en nosotros el misterio de esta iglesia comunidad naciente y creciente.

Esta iglesia no tiene nada que ver con ninguna denominación o secta. La marca de la iglesia naciente y del reino venidero es la construcción de relaciones de vida discretas y secretas, empezando por minúsculas células que renuevan constantemente sus relaciones mutuas, se convierten en órganos y miembros, y después se vuelven nuevamente un solo cuerpo.

Esta iglesia no puede llevarse a cabo por decisiones autoritativas o decretos, ni por leyes o regulaciones. Ningún esfuerzo humano puede lograr su existencia. Ninguna dictadura puede prepararla o crearla. Está lejos de cualquier cosa que nuestra obstinación pueda lograr, lejos de todos los esfuerzos de personas o grupos interesados y hambrientos de poder. Solo puede llegar como don del espíritu de amor del Creador.

Pero, por esta misma razón, tenemos que prevenir contra la falsa noción de que Dios es un poder puramente trascendental, alejado de la materia y la sustancia de esta tierra. La futura comunidad de vida será un reino de trabajo en esta tierra. El trabajo será el factor vinculante en las células de la comunidad humana. El único trabajo que podemos hacer con toda nuestra alma, un trabajo lleno de espíritu y de vida que palpita, proviene del amor. Y no hay amor que no se ponga a trabajar.

El amor es trabajo: trabajo práctico y tenaz de los músculos y la mente, del corazón y el alma. Por tanto, el reino del amor debe ser un reino de trabajo. El trabajo, si es verdaderamente desinteresado, si está animado por el espíritu de fraternidad, será la marca del futuro, la característica de la humanidad venidera. El trabajo como espíritu, como realidad viva, el que todos nosotros hemos perdido; el trabajo como dedicación con amor de compañerismo entusiasta: esta es la característica fundamental del futuro. La alegría en el compañerismo se mostrará como alegría en el trabajo.

¡Qué infinitamente lejos está la humanidad actual de un trabajo como este! Y ya que hoy tenemos solo una vaga concepción de la posibilidad de esta vida común, nos veremos turbados una y otra vez por el pesimismo, como una sombra que se alza del abismo.

Pero sabemos que esto no es un futuro fantástico e inalcanzable; por el contrario, es la discreta realidad de una iglesia que ya está surgiendo actualmente. Dios es: en todas partes y en todos los tiempos. No podemos hacer el reino de Dios —eso es imposible—, pero podemos vivir en el reino de Dios en todo momento. Cristo viene a nosotros. Y con la misma certeza con que se puede afirmar que esto es verdad para cada individuo, se cumplirá como un hecho para todo el mundo.

Nos encontramos sobre una cuerda tensa que se extiende entre dos mundos. ¡Caminemos sobre esta cuerda hacia la tierra que anhelamos! Si creemos que este reino está cerca, si estamos seguros de esta transformación final de todas las cosas, entonces vivamos ahora de acuerdo con el espíritu de este futuro.

Justamente este es el misterio de la iglesia que está surgiendo, que germina y florece entre nosotros en secreto: que ahora mismo podemos vivir y trabajar, aquí y en todas partes, en la comunidad del Espíritu. La fe en Dios y la fe en Cristo es el poder que lo hace posible. Donde han prevalecido alienación y hostilidad, la gente encontrará la relación mutua que es la comunidad.

Jesús y el Estado futuro

Jesús nos exhorta repetidamente a trabajar mientras aún es de día. Él compara su reino al trabajo en una viña, a la inversión solícita del dinero confiado, al buen uso de los propios talentos. Si el reino de Dios consiste en transformar nuestro valle de lágrimas en un entorno de alegría, entonces el reino de Dios tiene que ser un reino de trabajo. Solo el trabajo conviene al destino del espíritu humano.

Nuestra misma naturaleza nos llama a una vida de trabajo productivo. Encontraremos la alegría en la vida solo si nos unimos en una comunidad de trabajo no contaminada. Los que están dominados por el espíritu de *mammona* piensan que los seres humanos no experimentan placer en el trabajo sin beneficios. Pero esto es una mentira; en realidad, lo que nos hace verdaderamente felices es nuestra profunda vocación de trabajo: nuestro deseo de realizar una tarea, de hacer algo valioso, de prestar una ayuda práctica. La verdadera felicidad no se encuentra en hacer dinero, sino en el uso productivo y exitoso de nuestra fuerza, aunque cada uno debe encontrar la actividad que mejor le va, que corresponde a sus dones, intereses e inclinaciones personales.

Generalmente se argumenta que esto es una utopía, que nadie realizaría tareas de poca importancia si no se viera obligado a ello. Pero este razonamiento brota solo de la moralidad degradada de nuestra humanidad contemporánea. Muchas personas en nuestros días son incapaces de encontrar ninguna alegría en tareas sencillas o humildes. Pero al mismo tiempo afirman rápidamente que la diferencia entre el trabajo llamado respetable y el degradante desaparece cuando están cuidando a un ser querido. El amor ignora estas distinciones; cualquier cosa que hacemos por la persona amada nos parece buena.

El hecho de que tanta gente valore más el trabajo intelectual que el físico pone de manifiesto el estado insano de nuestra sociedad. Los seres humanos no están destinados a interesarse continua o exclusivamente por ideales elevados y asuntos espirituales. Los que buscan solo la sofisticación intelectual sufrirán algún día una amarga pena: un brusco despertar a las realidades repugnantes de la vida. Es indudable que nuestras necesidades intelectuales vitales han de ser estimuladas y profundizadas si queremos llegar a ser humanos. Pero solo cuando conozcamos los placeres del trabajo físico, experimentaremos la alegría de ser, alegría en Dios y alegría en la creación de Dios.

Una persona que se siente alienada de la naturaleza está enferma. La gente sana anhela ejercitar su cuerpo, hacer sencillos trabajos agrícolas, tomar el sol y disfrutar de la luz del día, entablar amistad con los bosques y las montañas, tocar las plantas y los animales, sentir el suelo. Es posible que estos anhelos hayan disminuido ante las presiones de nuestras grandes ciudades con su civilización acelerada, pero al final irrumpirán con toda su fuerza.

Quizá los campesinos rusos de Tolstoi nos sorprendan con su felicidad primitiva, que parece depender de la posesión de un cuerpo sano y de la capacidad de trabajar con manos sanas. Sin embargo, este espíritu de amorosa dedicación concede a su experiencia de la naturaleza una profunda conciencia de comunión, gracias a la cual la actividad física más sencilla se convierte en una fuente de gozo abundante. Los depravados hedonistas de nuestra falsa civilización no pueden ni siquiera imaginar semejante gozo.

Las personas nunca dejarán de anhelar una vida de sencilla comunión con la naturaleza. Gozar en la naturaleza, trabajar con la naturaleza, así como también profundizar la vida intelectual y ser creativos en obras de amor, estas cosas son los objetos inmediatos de nuestro anhelo. Oponerse a estos fines o menospreciarlos es contrario a la voluntad de Dios. De hecho, ni siquiera podemos lograr estas cosas por nosotros mismos. Solamente Dios puede concedérnoslas.

El amor de Jesús nos compró y rescató antes de que naciéramos, cuando todavía éramos sus enemigos. Este amor es como el sol que hace brotar el verdor de la vida del invierno inerte. El sol, amor de Dios, hace que nos despertemos de la muerte a la vida. Llega hasta nosotros en Cristo y produce el fruto de las obras: actividad y trabajo.

El árbol que no da frutos está bajo maldición. ¡Ay de la iglesia en la que Jesús busca en vano obras, la acción y el trabajo que están en consonancia con la vida que él ha despertado! Porque él murió por esta misma razón: que ya no vivamos para nosotros mismos, sino que todos los que tenemos vida vivamos para él, que murió y resucitó por nosotros. Esto significa rendición. Significa superar la vida egoísta, superar los propios intereses y la propiedad privada. Y para que esto suceda debemos ser movidos e impulsados por el amor de Dios.

Hay una leyenda sobre un orgulloso cazador que fue salvado de la amenaza de muerte inminente gracias a la oportuna intervención de un viajero que pasaba. Desde aquel momento este cazador vivió para servir diariamente a quien le había salvado la vida. No tuvo más trabajo ni ocupación que esta. Permaneció constantemente al servicio de quien le había salvado la vida. Así debe ser con nosotros, si queremos vivir para Cristo. A los seguidores de Cristo no les basta con dedicar a Jesús solo unas pocas horas, las que les quedan libres después de ejercer su profesión o negocio de clase media. De la misma manera que Jesús nos dedicó toda su vida, así también nosotros debemos dejar nuestra vocación y nuestros negocios a fin de vivir para Cristo y su iglesia.

Todos nosotros estamos invitados al banquete de su reino. La mesa está servida; todo está preparado. Pero, si no queremos acudir por causa de nuestros campos, de nuestros bueyes, o de la administración de nuestra granja o de nuestros asuntos, o debido a nuestro matrimonio o por cualquier otra preocupación personal, entonces nos encontraremos bajo la ira de Dios y no tendremos parte en la comunidad con Dios. Los que entregan su fuerza al servicio de la iglesia deben dejar para siempre sus propias ocupaciones e intereses. El amor perfecto a Jesús significa entrega al trabajo de la comunidad. Y nosotros podemos lograr este amor, solo cuando recibimos el amor perfecto de su vida entregada: su muerte y su resurrección.

El reproche más terrible que Jesús puede dirigir contra su iglesia es este: «tengo en tu contra que has abandonado tu primer amor». Nadie debería resignarse si se encuentra en este estado tan deprimente. Mientras tengamos apenas una chispa de amor de Jesús dentro de nosotros, aunque sea la más débil, no podemos permanecer inmóviles. Su llamado tiene que penetrar nuestro corazón: «¡Recuerda de dónde has caído!».

Solo hay una conversión al primer amor: la conversión de las obras. Por esta razón Jesús continúa: «Arrepiéntete y vuelve a practicar las obras que hacías al principio». Si no actuamos y trabajamos, entonces no estamos convertidos. Porque si nuestro amor a Jesús es sincero, nos impulsará a entregar toda nuestra fuerza física y nuestras energías mentales y espirituales. El servicio en la iglesia es la única acción que corresponde a la primera obra del primer amor. Si de verdad el amor ha tomado posesión de nosotros, haremos nuestro máximo esfuerzo en la vida diaria de la iglesia.

Ninguno de nosotros puede alegar tener un salvador personal para sí mismo; pertenece al misterio de la fe el hecho de que todos los miembros de la iglesia creen en el mismo Cristo. La iglesia es un solo cuerpo; hay un Espíritu y una esperanza; un Señor, una fe, un bautismo, un Dios y un Padre. Y en esta unidad el amor de Cristo, en su anchura, longitud, altura y profundidad, sobrepasa y excede todo entendimiento.

7

Del aislamiento a la comunidad

La religión y los sentimientos devotos son inútiles hasta que se expresan en la acción y en la verdad, es decir, en la comunidad real. Jesús dice: «Ama a Dios». Y su otro mandamiento es exactamente el mismo: «Ama a tu prójimo». No podemos amar a Dios si no amamos a nuestro prójimo.

— Discurso público, septiembre de 1935

Conciencia y comunidad

«Ninguna persona es una isla, completa en sí mismo». Si esto es verdad, implica que somos seres comunitarios, y que la enfermedad principal de la gente en nuestros días es el aislamiento y el egocentrismo. El remedio que Arnold prescribe es una mayor conciencia —una conciencia de las personas que nos rodean y, en última instancia, una conciencia de Dios— que conduce inevitablemente a la comunidad.

I

Cada ser humano es un organismo coherente. Todos los órganos del cuerpo, y las células individuales dentro de ellos, se estimulan y sirven mutuamente, dando y recibiendo vida a través de la misma corriente sanguínea. Este es el secreto del cuerpo viviente: sus numerosos y diversos miembros y actividades están integrados en un todo. Cada parte de cada uno de los órganos contribuye a la estructura de este todo. Y hasta las células individuales que forman esas partes reciben vida de unidades aún más pequeñas.

La vida consiste en vencer el aislamiento por medio de la comunidad. Esto es cierto incluso en las células más primitivas que podemos observar en la naturaleza. Ninguna célula primitiva vive para sí misma. Su vida depende de las relaciones recíprocas con otras células. Su misma división es un signo de que no quiere vivir sola, de que no puede vivir aislada. Prefiere dividirse en dos criaturas vivas antes que continuar viviendo aislada.

En todos los tiempos y en todos los lugares, organismos individuales construyen relaciones creativas y vivas a fin de servirse mutuamente. La vida es comunidad. ¡No hay otra vida!

Podríamos sentirnos tentados a preguntar si nuestros estómagos y oídos, por ejemplo, son verdaderamente conscientes de la unidad del cuerpo, o si son seres separados que se encuentran instalados dentro del cuerpo simplemente para cumplir sus propios objetivos limitados. Pero entender todo esto es imposible. Todo lo que sabemos es que, sin importar el grado de complejidad individual de nuestros diferentes órganos, el cuerpo funciona solo cuando éstos están vinculados en un organismo unificado, por una única conciencia que está presente en todos y cada uno de sus miembros.

II

Los bebés empiezan a sentir su propia unidad de conciencia desde muy temprana edad, aunque por supuesto no la sienten del mismo modo que los adultos. Sienten que no solo las partes de su propia persona sino todo lo que ven, todo lo que les sucede, pertenece a su conciencia como un todo. Los bebés no ven su cuerpo como el límite de su existencia. Ellos ven más lejos que nosotros. El juguete que cuelga de su cochecito les parece una parte de su vida, igual que los dedos que mueven o los pulgares que se llevan a la boca. Subconscientemente viven con una conciencia unificada de todo lo que perciben a través de sus sentidos y experiencia. Hay unidad en todo lo que entra en su conciencia.

Después empiezan a trazar distinciones. Empiezan a hablar de sí mismos en tercera persona: «él» quiere el biberón o «ella» quiere alguna otra cosa. Más tarde emerge su creciente conciencia de sí mismos como individuos; es entonces cuando hablan de sí mismos como «yo» y hacen sentir con fuerza las demandas de este «yo». En este periodo de sano egoísmo afirman el «yo» del sí mismo por encima del «nosotros» mayor de la comunidad. Pero una vez que reconocen —si bien lentamente y con reticencias— las limitaciones del yo individual, buscan de nuevo la comunidad con las personas y los animales. Más aún, el verdadero niño siente que hay un misterio por encima y más allá de éstos: el gran «Tú» de Dios con sus estrellas, ángeles y espíritus.

Nosotros los adultos perdemos este sentimiento de comunidad rápidamente. Con mucha facilidad llegamos al punto en el que nos sentimos a nosotros mismos como seres muy separados, como unidades de conciencia enteramente independientes que se sienten perplejas ante la existencia de otras unidades de conciencia. Y en nuestro estado egocéntrico, nos asombra que otras personas tengan la misma clase de exageradas pretensiones de autosuficiencia que nosotros. Estamos totalmente ensimismados con nuestro pequeño yo, tanto en nuestros pensamientos secretos como —y por encima de todo— en nuestra actitud fundamental hacia la vida.

El filósofo alemán del siglo xix Max Stirner ha escrito sobre este problema con mucha franqueza:

> ¿Cuál es el propósito de mis relaciones con el mundo? Yo solo quiero disfrutar del mundo; por ello tiene que ser mío. Así que necesito poder sobre el mundo. Necesito convertirlo en propiedad mía; es decir, necesito sacar provecho del mundo y de las personas que hay en él. Mi felicidad se consigue a costa de su felicidad, pero nunca me sacrificaré a mí mismo. ¡Soy unególatra y lo disfruto! Y no soy un ego entre otros; soy el único ego. Soy único.

Ninguno de nosotros debería imaginar que está muy lejos de este egotismo extremo. Tenemos que preguntarnos con sinceridad si no vivimos, al menos en nuestra vida privada, exactamente según la descripción de Stirner:

> Yo existo solo para mí mismo. Todo lo que hago, lo hago para ampliar y proteger mi esfera de influencia. Soy «bueno» con las personas solo para complacerme de ellas, afirmarme y acrecentar mi poder. Y soy malo con todos los que podrían obstaculizarme, molestarme

o refrenarme, todos los que se interponen en el camino de mi vida placentera. Yo vivo para mí mismo y para nadie más.

La historia de la filosofía, especialmente en Occidente, nos muestra adónde conduce semejante pensamiento. Los filósofos egotistas, creyendo que son la única fuente de todos sus pensamientos, no pueden evitar decirse a sí mismos: «Ciertamente veo que otras personas hablan, y veo que otras escuchan y actúan, pero todo esto no tiene existencia objetiva. Solo existe en mi mente. Yo solo creo en una cosa, en mi propia existencia».

Ha habido pensadores, por ejemplo, que han puesto un cuaderno vacío sobre la mesa y se han preguntado qué podrían escribir en él que fuera perfectamente cierto. Uno de esos filósofos llegó a la siguiente conclusión: «Pienso, luego existo. Existo porque tengo conciencia».

Ahora bien, en todo este proceso seguramente el paso más notable dado por otros filósofos de la duda aún más radicales haya consistido en eliminar también esta proposición. Han perdido incluso la certeza de su propia existencia. Esta última duda pone en cuestión la única cosa en la que piensa el individuo aislado —su propio y pequeño ego— y debería llevar más allá de los límites del conocimiento: a creer en Dios.

No obstante, la mayoría de la gente se aferra a la afirmación: porque piensan, existen.

III

La propia conciencia exige que reconozcamos este estado como una condición mortalmente enferma. Pero la curación puede empezar inmediatamente, cuando reconocemos nuestro origen en aquella fuerza en la que no hay aislamiento sino vibrante unidad. De la misma manera que la conciencia de los niños se extiende más allá de los límites de sus pequeños cuerpos, así también la conciencia de las personas sanas se extiende mucho más allá de sus mentes. La verdadera conciencia es universal. Su mirada cósmica va más allá de los límites del mundo entero. En último instancia, es conciencia de lo divino.

La conciencia quiere comprenderlo todo, penetrarlo todo. No está contenta con lo que yo soy como individuo, ni con lo que yo hago dentro de los límites de mi individualidad. La conciencia me empuja a medir la extensión y la profundidad de la tierra, de todo el universo. La conciencia pide lo imposible: quiere que yo revise toda la historia de la vida, que comprenda sus relaciones más profundas.

La conciencia demanda que la mente y el espíritu se esfuercen por acceder a lo que es infinito. Exige totalidad y universalidad. Reclama el todo, la comprensión y penetración de la vida entera. Es hostil al aislamiento en todas y cada una de sus formas.

En su anhelo de infinitud, apunta a la Fuente y al Creador, es decir, a Dios. Vida y comunidad existen solo en él. Dios es el Espíritu que rodea y conecta todas las cosas. Él se alegra en las abnegadas relaciones de todo lo que vive. Y crea la vida que unifica frente a la muerte que separa.

IV

Las personas sanas ven y actúan por amor. Han sido redimidas del aislamiento y se han vuelto hacia Dios. Su amor se extiende a todos. Ya no están preocupadas por sí mismas, sino que se miran a sí mismas en el contexto del todo. Saben perfectamente que han sido creadas para la existencia, pero están seguras de que la vida no proviene de sí mismas; sienten que son parte de un todo mayor. Saben que el Espíritu Santo es el único poder que hace que todo esté vivo de verdad. Así que su afirmación de la vida se expresa con palabras diferentes de las que servían para expresar su anterior autoengaño.

Conscientes de su pequeñez y limitación frente a la grandeza de su llamado, solo pueden decir: «¡Yo soy, porque he sido concebido. Estoy vivo, porque me han dado la vida! He sido creado y llamado por la conciencia que penetra todas las cosas». Ponen su vida bajo Dios, bajo el todo omnipresente.

Las personas que están en el camino hacia la salud tienen que captar el todo y vivir para el todo. Ellas descartan su propio yo, pequeño e incapaz —que, no obstante, ha sido llamado— en la gran tarea de la conciencia omnipresente. Permiten que su propio ego florezca solo en la medida en que produce fruto y vida para el todo.

V

Cada uno de nosotros sufre de separación y aislamiento. Estamos enfermos y moribundos, y el mal ha afectado al núcleo de nuestro ser. Nuestra misma vida es muerte. Pero antes de que podamos alcanzar la salud y vitalidad de la verdadera vida, tenemos que diagnosticar nuestra enfermedad; tenemos que reconocer que nosotros mismos somos la causa de esta afección. Nuestros pensamientos están repetidamente limitados dentro de nosotros mismos; fundamentalmente somos capaces de ver solo nuestro propio punto de vista. De manera permanente llamamos la atención sobre nosotros mismos y luchamos por obtener nuestra propia ventaja, por nuestra pequeña existencia.

Es insano que un órgano particular del cuerpo trate de imponerse a todo el cuerpo. El fuerte latido del corazón en la práctica del alpinismo, el ciclismo o el remo, nos dice que hay algo que no va bien. De la misma manera, un dolor agudo en el pecho o, peor aún, esputar sangre, nos hace intensamente conscientes de nuestros pulmones. Nos vemos obligados a preocuparnos por ellos, porque resulta claro que están enfermos.

Sucede exactamente lo mismo con el individuo dentro de la comunidad humana. Cuando los individuos se hacen notar —cuando tratan de centrar la atención en sí mismos, acentuando y dando preeminencia a su propio ego—, entonces resulta obvio que están enfermos. Corren el peligro de destruir los contextos necesarios para una vida sana. Esto se ve con toda claridad en las personas que padecen histeria y neurastenia, en aquellas cuyas mentes y cuerpos se derrumban bajo la tensión de la preocupación y la depresión. Todos conocemos a personas como estas; quizá todos seamos como ellas en mayor o menor grado.

Todos conocemos el estado insano en el que tratamos de impresionar a los que nos rodean haciendo observaciones extravagantes. Si esto no resulta, intentamos atraer la atención con chistes y bromas. Si tampoco esto funciona, obligamos a las personas a que nos presten atención irritándolas con nuestra insolencia. Cuando también esto falla, algunos se provocan histeria, temblores, llantos, desmayos, e incluso intentan suicidarse. Estas actitudes extremas consiguen que todos los que están alrededor, aunque no lo quieran, les presten atención.

El ego enfermo se comporta con una conducta audaz y peculiar porque ya no puede atraer la atención por medio de su talento o sus realizaciones. Y permanece enfermo mientras permite que su pequeño sí mismo ocupe el primer plano, mientras sea susceptible e hipersensible, mientras se sienta relegado a un segundo plano, mientras busque un trato preferencial. Esta enfermedad es fatal: es un signo de descomposición interior. Un ego molesto manifiesta una vida desintegrada.

La enfermedad del mundo reside en este aislamiento del ego desmesurado. Los individuos que no sienten más dolor que el suyo no pueden identificarse con el sufrimiento del mundo. Se preocupan solo de sí mismos, luchan solo por su propia existencia y buscan solo su mejora y felicidad. De esta manera acrecientan el sufrimiento de otros. Son parásitos que ponen en peligro a todo el conjunto. Se han separado de la realidad y la unidad de la vida. Se han apartado de todo el conjunto y finalmente tienen que perecer.

Lo único que la gente realmente tiene en común en la actualidad es el sufrimiento. Esto debería constituir para nosotros un llamado a la solidaridad. Pero no podemos hablar de solidaridad e interdependencia si no hablamos primero de alegría, de la alegría en los otros, que es el amor. Esta alegría debería ser la propiedad común de todos, pero no lo es. Muchos de los trabajadores están privados de todo acceso a la alegría, privados de la posibilidad práctica de una vida comunitaria. Pese a todo, la gente espera días mejores, y esto es importante; aparte de esta fe en el futuro, no encuentran ninguna razón para ayudarse mutuamente.

La conducta subconsciente de nuestros propios cuerpos demuestra la unidad de acción por el bien de todos. Si nos lastimamos un dedo, por ejemplo, todo el cuerpo se resiente y experimenta una simpatía activa. El miembro herido transmite su mensaje de malestar al cerebro mediante la corriente sanguínea, y al cabo de unos minutos se ha preparado una poderosa fuerza defensiva. De todas partes acuden rápidamente los defensores al lugar de ataque. Cuando un miembro sufre, todos los miembros sufren con él. Vemos las mismas intervenciones valientes también en la humanidad, cuando nos apoyamos mutuamente con amor y ayuda gozosa.

Para un miembro del cuerpo es mortal retirarse del servicio mutuo. Es demoníaco que un órgano individual rompa con el dominio del alma que da unidad al cuerpo. Esta separación de cuerpo y alma es sobremanera evidente en la sexualidad enferma, pero está presente también allí donde la voluntad individual se separa del espíritu del todo.

El poder demoníaco del egocentrismo gobierna la vida personal y la pública en todas partes. Domina los grupos políticos, sociales e incluso religiosos hasta tal punto que hacen hincapié en sus metas e intereses exclusivos, actuando autónomamente y reconociendo solo sus propias leyes, que están a su servicio. Tales grupos han dado la espalda al espíritu de comunidad. No se entregan totalmente al servicio de los otros, porque están alienados del espíritu que conduce a la unidad futura. Se evaden del poder creativo y renovador que transforma la materia dispersa en vida coherente. Carecen del impulso de vida, de la dedicación gozosa en el amor a todo lo que está vivo.

La necesidad del mundo es el resultado de la siguiente enfermedad: el aislamiento como sufrimiento del mundo y el sufrimiento del mundo como aislamiento. Pero el espíritu del amor puede sanarnos y hacernos volver a la unidad, unidad en el trabajo común y en la comunión. Y este espíritu de amor ya está vivo, en medio de toda división y muerte, en la actuación misteriosa y secreta de la iglesia viva de Dios.

— Ensayo, 1927

Vivir o trabajar junto con otras personas, incluso con las que supuestamente comparten nuestros ideales y metas, puede ser extremadamente difícil. La alegría en la convivencia da paso muy pronto a la irritación —más tarde a la murmuración y finalmente a la traición—, cuando permitimos que nos irrite el carácter de una persona o su manera de hacer las cosas. La solución, según Arnold, es la humildad y la sinceridad franca.

No existe más ley que el amor. El amor es regocijo en otros. Entonces ¿de dónde surge la ira contra ellos? Las palabras de amor transmiten la alegría que sentimos en presencia de nuestros hermanos y hermanas. Por la misma razón, resulta inadmisible hablar sobre otra persona con un espíritu de irritación o enojo. Bajo ninguna circunstancia, nunca se debe hablar, ni con comentarios declarados ni con insinuaciones, en contra de ningún hermano o hermana, ni en contra de sus características individuales, a espaldas de esa persona. La murmuración en la propia familia no constituye una excepción. Sin esta regla del silencio no puede existir la lealtad y, por tanto, tampoco la comunidad.

La comunicación franca y directa es el único camino posible. Es un servicio que le debemos a todo aquel cuya debilidad causa una reacción negativa en nosotros. Una palabra franca, hablada directamente a la otra persona, profundiza la amistad y no se sentirá ofendida. Solo cuando dos personas no llegan pronto a ponerse de acuerdo, será necesario incluir una tercera persona en la que ambas tengan confianza. De esta manera pueden llegar a una solución que las una en los niveles más altos y profundos.

— *Agosto de 1925*

La susceptibilidad, la terquedad, el egoísmo y el egocentrismo: todos ellos son obstáculos para la vida en común. Tener una opinión más elevada de uno mismo que de los demás es un veneno mortal; hace que una persona sea completamente incapaz de vivir en comunidad. Tales personas nunca pueden experimentar lo que es crucial: la unidad de la gran causa. Sufren una enfermedad que destruirá el cuerpo, el alma y el espíritu.

Las personas cuyo centro son ellas mismas —que piensan en sí mismas todo el día, que lo ven todo en relación consigo mismas y desde su propio punto de vista— están gravemente enfermas. Están mentalmente trastornadas. Están muy lejos de llegar a ser verdaderos hermanos y hermanas. Están perdidas incluso en medio de una familia comunitaria.

Nos sentimos inclinados a ver los defectos de los otros de una manera muy desproporcionada con respecto a nuestra propia debilidad. Pero si observamos atentamente, veremos que en realidad somos iguales. Tenemos que reconciliarnos con la imperfección humana. Y el egocentrismo es un espíritu de mentira. Es completamente falso. Los que tienen una opinión tan elevada de sí mismos que no pueden admitir que cometen errores están viviendo en la falsedad y la falta de sinceridad más profunda. Su egotismo debe ser condenado, no solo por no encajar en la comunidad o por ser moralmente erróneo, sino también porque produce muerte y destrucción.

Las personas egocéntricas están mortalmente enfermas. Tienen que ser redimidas. Deben reconocer que el cristianismo tiene un contenido objetivo, que es una causa por la que podemos olvidarnos completamente de nosotros mismos y de nuestro pequeño ego. La autosuficiencia no es más que autosugestión. Conduce a la hipocresía y, a no ser que estemos liberados de toda simulación, de toda santidad fingida, estamos totalmente perdidos.

Las personas que corren más peligro son las que ven a Dios desde su propio punto de vista y hacen que Dios se relacione a ellas. Pero la causa de Dios es una causa para la que nosotros no somos necesarios. No somos indispensables. No solo carecemos de importancia, sino que somos un obstáculo. Somos adversarios de la causa. La redención no puede empezar hasta que reconocemos esto y nos veamos a nosotros mismos, y nuestra piedad, como adversarios. Si no lo hacemos, nos seguiremos engañando a nosotros mismos.

Nosotros no somos la verdad y, porque no somos la verdad, no podemos ni debemos poner nuestra persona en el centro de nuestros pensamientos. Nos convertiríamos en ídolos. La causa tiene que estar en el centro. Y la redención de la vida del sí mismo, de la voluntad de tener la razón, de la imposición de nuestra manera de ver las cosas, solo acontece gracias a una causa que existe completamente fuera de nuestro yo.

Nosotros, los seres humanos, podemos reconocer la luz solo en contraste con la sombra y la oscuridad. Podemos comprender la causa solo por medio de una conciencia de sus adversarios, porque nosotros no somos dioses, sino seres humanos. Pensemos en un fuego de campamento: cuando lo encendemos por la noche, los que estamos sentados a su alrededor somos iluminados aunque permanezcamos sentados en la oscuridad. Pero es el fondo oscuro lo que hace que nuestros rostros resplandecientes resulten visibles.

Los que están todavía enamorados de sí mismos no pueden reconocer la causa; y tampoco pueden reconocerla los que aún están enamorados de su experiencia religiosa, su conversión y su nuevo nacimiento. Y nosotros no comprenderemos la grandeza de la causa hasta que no la veamos teniendo como fondo lo despreciable de nuestros seres insignificantes.

En la iglesia primitiva el Espíritu Santo se derramó sobre la gente solo después que se reconocieron como asesinos del Mesías tanto tiempo esperado, como adversarios de la santa causa por la que siempre habían luchado. Nosotros tenemos miedo de este horrible despertar, especialmente si durante años o décadas hemos tratado de vivir en santidad y de pronto reconocemos que somos asesinos y adversarios. Esto es difícil pero necesario.

Pablo quedó ciego cuando el Espíritu vino sobre él, y no fue la exageración sino una profunda convicción la que lo llevó a decir: «Soy el peor de todos los hombres». Él había sido personalmente responsable de la persecución de la iglesia, del asesinato de los mártires cristianos. Pablo tuvo que reconocer que era un perseguidor del Mesías, un perseguidor del reino de Dios. Hasta que no lo reconoció, no pudo ser un apóstol de la causa de Dios. Esta causa —que, según la acertada expresión de Karl Barth, es «totalmente otra» de lo que somos nosotros— es lo único que puede liberarnos de nuestro egocentrismo y susceptibilidad, de nuestra terquedad y nuestro espíritu pendenciero, de todo lo que nos hace indignos de vivir en comunidad.

Pero, a menos que nos reconozcamos como adversarios, jamás comprenderemos la grandeza de la causa. Quienes hacen votos basándose en su propio radicalismo, en su propia piedad, en su extrema «perfección», son incapaces de mantenerse firmes. Sus votos están abocados al fracaso y la desgracia. Pero un voto que brota de la causa y para la causa, una promesa que nos conduce fuera de nuestro yo, sencillamente no se puede romper ...

— Charla, agosto de 1933

Incluso cuando los hijos de Arnold eran todavía muy jóvenes, él acogió tanto a vagabundos sin hogar como a rechazadas mujeres embarazadas. Arnold veía a Cristo en todas las personas con las que se encontraba, y recibió con amor a todos los que se acercaron a su puerta. Karl Keiderling, que llegó a Sannerz en la década de 1920, se presentó con el pelo despeinado y revuelto y la ropa sucia. Aunque era un completo desconocido, fue abrazado como un viejo amigo: «Hemos estado esperándote», dijo Arnold, y lo dijo de corazón.

El amor ve el buen Espíritu que actúa dentro de cada persona y se complace en ello. Aunque hayamos estado irritados con alguien, sentiremos nueva alegría por él en cuanto el amor domine de nuevo en nosotros. Superaremos nuestros desacuerdos personales y reconoceremos con gozo la actuación del buen Espíritu en cada uno.

Agustín va aún más lejos. Él dice que no debemos vernos unos a otros tal como somos ahora, sino que deberíamos ver a los otros como están destinados a ser, como serán cuando el Espíritu de Dios los llene completamente.

— Charla, marzo de 1933

De la propiedad privada a la comunidad

Para Arnold la comunidad era la respuesta a todos los problemas de la vida. Y él creía en la comunidad no debido a ninguno de los mandamientos bíblicos, sino porque sentía que la misma vida de Jesús —y el testimonio de todo el Nuevo Testamento— lo indicaban. Pero no se detuvo en el mero reconocimiento intelectual, y ni siquiera espiritual, de esta verdad; sino que más bien la persiguió hasta el punto de la realización práctica. El resultado fue la comunidad: comunidad de bienes y comunidad de espíritu.

La humanidad se debate en la agonía, al borde de la muerte, y el signo más obvio de esta enfermedad mortal es la propiedad privada. La raíz de la propiedad es la separación y la desintegración, la decadencia y la corrupción. Estos males surgen a través del autoaislamiento, por medio del egoísmo de la voluntad codiciosa. La propiedad privada destruye las relaciones que tenemos entre nosotros y con Dios.

La propiedad privada es la raíz del asesinato, la causa de la guerra, el origen de la competencia cruel en los negocios. Lleva a la prostitución y al matrimonio por dinero, que son realmente lo mismo, y es la causa de la falta de honradez en los negocios y de cualquier otra clase de mentira. Toda nuestra economía está basada en la codicia, en el afán de lucro y la intención de ganancia, en el instinto de la autopreservación de las personas y su ansia de mayor poder.

Jesús dijo con razón que si el reino de Satanás estuviera dividido contra sí mismo, hace mucho tiempo que se habría derrumbado. Pero nuestra economía capitalista altamente desarrollada no se derrumba, porque las fuerzas demoníacas de la codicia trabajan de común acuerdo entre sí. Todas ellas siguen la misma línea. De esta manera los poseedores se convierten en poseídos.

Cuando una esfera de la actividad humana establece sus propias leyes, sin respetar todas las demás, se convierte en un ídolo. Entonces estamos regidos por demonios; la vida se desgarra y termina hecha añicos. Este culto a los ídolos —el culto al dinero y a la propiedad— es la maldición de nuestro siglo.

Los hombres defienden su egotismo colectivo explicando que no quieren su propiedad para sí mismos sino para sus mujeres e hijos. Dicen que no hacen la guerra para proteger su propiedad privada, sino para proteger sus vecindarios, pueblos o países. Pero un hombre que ama a su esposa e hijos ama su propia carne. Y el amor a la familia o al clan propios, al igual que la lealtad a la tribu, nación, estado e incluso clase social propios, no es otra cosa que egotismo colectivo.

Para hablar con franqueza: me opongo al nacionalismo y al patriotismo; me opongo a las leyes de la herencia. Me opongo al dominio de clase de los poseedores de propiedades y a la lucha de clases del proletariado. Me opongo al sistema de partidos. ¿Por qué hay fuerzas armadas? ¿Por qué hay tribunales de justicia? ¿Por qué hay una milicia? Existen solo para proteger la propiedad, esa cosa aislada que está desvinculada de todo lo demás y condenada a la muerte.

Hemos caído en un estado de desintegración; hemos caído de Dios. Y permaneceremos perdidos mientras los factores decisivos en nuestra vida sigan siendo la voluntad codiciosa, su lucha por la existencia, sus pretensiones, derechos y privilegios egoístas. La maldición que pesa sobre nosotros, esta vida arruinada, ha sido aceptada como normal e incluso como tolerable. ¡Debemos ser liberados de la maldición de la vida sin espíritu y sin Dios!

El mundo natural que nos rodea nos muestra el camino hacia la solución. Toda forma de vida se mantiene por el sol, por el aire, por el agua, por la tierra y sus recursos. ¿Y a quién le fue dado el sol? A todos. Si hay una cosa que la gente tiene en común es el don de la luz del sol. Pero, como dijeron los primeros huteritas: «Si el sol no estuviera colgado tan alto, hace mucho tiempo que alguien lo habría reclamado como propiedad suya».

El deseo de poseer propiedades, de tomar para nosotros cosas que de ninguna manera nos pertenecen, se extiende a todo lo que está a nuestro alcance. El aire se vende y se compra ya como artículo de consumo, por razones de salud. ¿Y qué sucede con el agua y la fuerza hidráulica? ¿Por qué tiene que estar la tierra fraccionada en manos privadas? ¿Acaso hay alguna diferencia entre ella y el sol? No; la tierra pertenece a quienes viven en ella. Dios la creó para ellos, pero algunos individuos se han adueñado de ella. *Privare* significa robar. Así pues, propiedad privada significa propiedad robada: ¡propiedad robada a Dios y a la humanidad!

Jesús es el amigo de la humanidad y, por consiguiente, el enemigo de la propiedad privada. Él quiere que la gente tenga vida verdadera. Él atacó el impulso de la autopreservación y el privilegio. Él renunció a todo y se hizo no solo el más pobre sino también el más humilde, pues fue contado entre los criminales. No se reservó nada para sí mismo. No tuvo dinero propio: su comunidad itinerante tenía una bolsa común.

Él dijo con toda claridad que quienes siguen el impulso de autopreservación están perdidos. Los que tratan de guardar su vida la perderán. Los que no dejan todo lo que tienen no pueden venir conmigo. Vende todo lo que tienes y dáselo a los otros. Quédate solo con un manto y da todo lo demás. Si alguien te pide una hora de trabajo, dale dos. No acumules posesiones. No te aferres a derechos y privilegios.

Incluso Nietzsche dijo que Jesús confronta la vida falsa con la vida verdadera. Pero ¿qué es la vida? ¿Y qué es la verdadera vida que tenemos que llevar? Un cuerpo está vivo solo cuando todos sus órganos funcionan como una unidad. La vida es unidad coherente en movimiento. La vida es inseparable de la unidad —unidad de voluntad, de sentimiento y de pensamiento— y no puede existir fuera de ella. Y la humanidad estará unida solo cuando esté dirigida por el espíritu de comunidad, cuando cada individuo trabaje por el bien de todos.

Si queremos la comunidad, tenemos que querer el espíritu de comunidad. Por esta razón rechazo la sociedad llamada comunista. Mi fe reside solo en ese comunismo que tiene fe en el Espíritu. El alma colectiva de la comunidad es el Espíritu Santo. En este Espíritu la iglesia comunidad es unánime y está unida, es rica en dones y poderes.

No obstante, tenemos que recordar que, de la misma manera que la unidad del cuerpo no se puede mantener sin sacrificio, así también la unidad de la comunión demanda sacrificio para su mantenimiento. Si esta comunidad pudiera perdurar sin ningún sacrificio por parte de sus miembros, no sería nada más que la gratificación del sí mismo. Los individuos en la comunidad tienen que estar preparados para sacrificarse ellos mismos y todos sus poderes.

Este es el verdadero amor: que entregamos nuestra vida por nuestros hermanos y hermanas. Y esta es la única manera de pertenecer a la iglesia. Si lo comprendemos, entenderemos el mensaje que es la afirmación de la vida: no la renuncia por causa de la renuncia, sino la liberación por causa del nuevo nacimiento, liberación que hace pasar del engaño a la realidad, de lo no esencial a lo esencial. Entonces estaremos unidos en la mesa en común, como invitados en un banquete de bodas.

— Conferencia en el Club Tolstoi,
Viena, noviembre de 1929

A propósito de nuestra relación con los socialistas religiosos: estamos muy preocupados por el hecho de que la proclamación objetiva del reino de Dios pueda degenerar en una nueva ortodoxia teórica. Por consiguiente, estamos de acuerdo con ustedes en que hemos de tener un vivo interés en los movimientos socialistas y pacifistas de nuestros días, y nosotros afirmamos la conciencia global que ellos representan, sin recurrir a sus falsos métodos. Lo que compartimos con ellos es sencillamente la visión de que la comunidad del futuro será una vida en la que todos los bienes se compartan con libertad y amor.

— Carta al profesor Evert, Hillsboro, Kansas, 1920

No somos únicamente una sociedad para la colonización, para formar nuevos asentamientos o aldeas (como si ya no hubiera suficientes aldeas) donde las personas puedan vivir tan juntas y, sin embargo, tan apartadas como en cualquier otro lugar. Nuestro objetivo tampoco es crear una comunidad de la raza humana o unir a las personas para una vida común tal y como son. Esto sería un completo fracaso. Todos los intentos basados en el estado presente de la humanidad fracasarán. Desde el principio están condenados a la bancarrota.

— Discurso, octubre de 1933

Si nuestra justicia no es mejor que la de los moralistas y los teólogos —y la de los bolcheviques— no podemos entrar en el reino de Dios. La justicia del bolchevismo es inadecuada porque no proviene del corazón ni de la comunión espiritual, sino que se impone a las personas por la fuerza. Y esta no es una manera de construir comunidad.

El bolchevismo y el comunismo político están basados en un ideal de gobierno y economía centralizados. Obligan a la gente a vivir de una determinada manera. Abordan las cosas desde fuera. Afrontan los problemas externos de la economía con la esperanza de mejorar las relaciones internas. Pero el asesinato no es el camino hacia la paz. El homicidio no es el camino hacia el amor. Así pues, el bolchevismo es un abismo peligroso; es anticristiano. Y, sin embargo, puede indicarnos algo mejor y más puro: Cristo y su amor perfecto.

— Charla, julio de 1933

La base de nuestra vida compartida en comunidad es Dios y solo Dios. Pero nunca podemos decir que nosotros hemos adquirido esta base, que poseemos la religión como se posee una propiedad. Más bien, lo que tenemos se nos tiene que dar de nuevo cada día. Es un pensamiento terrible, pero lo cierto es que en cualquier momento lo podemos perder. Nos encontramos sobre este fundamento solo por gracia de Dios. Nuestra fe no es el resultado de nuestras habilidades naturales o del deseo de nuestro pensamiento. Nos la debe dar el Espíritu Santo.

— Discurso, julio de 1932

Por qué vivimos en comunidad

Las mismas palabras de Arnold resumen de la mejor manera este ensayo: la comunidad no es una elección o un ideal, sino un imperativo. Y la comunidad debe ser construida por el Espíritu Santo o, de lo contrario, fracasará. Nuestros mejores instintos pueden guiarnos hacia la comunidad, pero seguiremos siendo incapaces de vivir en comunidad mientras tratemos de edificarla con un amor sentimental o sobre ideales sociales. Lo que necesitamos es trabajo —amor en acción— y fe en Dios. El trabajo nos dará verdadera alegría y la fe en el Espíritu nos dará la victoria sobre el pecado.

La vida en comunidad no es menos que una necesidad para nosotros; un ineludible «debemos» es lo que determina todo lo que hacemos y pensamos. Sin embargo, no son nuestras buenas intenciones o esfuerzos los que han desempeñado un papel decisivo en nuestra elección de este estilo de vida. Más bien, hemos sido inundados por una certeza, una certeza que tiene su origen y su poder en la fuente de todo lo que existe. Nosotros reconocemos que Dios es esta fuente. Nosotros debemos vivir en comunidad porque toda la vida creada por Dios existe en un orden de vida en común y trabaja en favor de la comunidad.

Dios es la fuente de la vida. En él y por medio de él nuestra vida en común se construye y se conduce una y otra vez a través de luchas cataclísmicas hasta la victoria final. Es un camino extremadamente peligroso, un camino de profundo sufrimiento. Es un camino que lleva directamente a la lucha por la existencia y la realidad del trabajo, que nos introduce en todas las dificultades creadas por la naturaleza humana. Y, sin embargo, esta es nuestra alegría más profunda: ver claramente la lucha eterna —la indescriptible tensión entre vida y muerte, la posición de la humanidad entre el cielo y el infierno— y creer todavía en el poder irresistible de la vida, el poder victorioso del amor y el triunfo de la verdad, porque creemos en Dios.

Esta fe no es una teoría para nosotros; tampoco es un dogma, un sistema de ideas o una fábrica de palabras, ni un culto o una organización. Fe significa recibir a Dios mismo, y quedar inundado por él. Fe es la fuerza que nos permite avanzar por este camino. Ella nos ayuda a encontrar la confianza una y otra vez cuando, desde un punto de vista humano, se han destruido los fundamentos de la confianza. La fe nos da la visión necesaria para percibir lo que es esencial y eterno. Nos da ojos y manos para ver y comprender cosas que, aun cuando se encuentran en todas partes, no se pueden ver ni tocar sin ella.

Si tenemos fe, ya no juzgaremos a las personas a la luz de la costumbre social o según sus debilidades, porque veremos la mentira que está detrás de las numerosas máscaras de nuestra sociedad materialista y asesina. Con todo, no creeremos que esa malevolencia y esa inconstancia, aunque sean reales, constituyen la naturaleza última del carácter humano. Es cierto que, en nuestra naturaleza presente, sin Dios, los humanos somos incapaces para la comunidad. Las oscilaciones del temperamento, los impulsos posesivos y las ansias de satisfacción física y emocional, las poderosas corrientes de ambición y susceptibilidad, el deseo de influencia personal sobre otros, y privilegios de toda clase; todas estas realidades ponen obstáculos aparentemente insuperables en el camino hacia la verdadera comunidad. Pero, si tenemos fe no podemos engañarnos pensando que esas realidades son decisivas: frente al poder de Dios y su amor invencible que todo lo conquista, carecen de significado. Dios es más fuerte que esas realidades. La energía unificadora del Espíritu de Dios las vence a todas ellas.

Está perfectamente claro que la realización de la verdadera comunidad, la construcción efectiva de una vida compartida en comunidad, es imposible sin fe en un poder superior. La gente trata una y otra vez de poner su confianza en la bondad humana, que existe realmente, o en la fuerza de la ley. Pero todos esos esfuerzos están destinados al desastre y el dolor cuando se enfrentan con la realidad del mal. El único poder que puede construir la verdadera comunidad es la fe en el bien último, la fe en Dios.

Nosotros tenemos que vivir en comunidad porque, solo a través de esta aventura positiva, nos resultará claro hasta qué punto los seres humanos somos incapaces de vivir sin el poder de Dios, que da vida y construye la comunidad.

Hay organizaciones políticas que luchan, como nosotros, por la paz internacional, la abolición de la propiedad privada y la plena comunidad de bienes. Sin embargo, no podemos limitarnos a ponernos de parte de estas organizaciones y librar sus batallas a su manera. Nos sentimos empujados, con ellas, hacia todas las personas que sufren necesidad y angustia, hacia las que carecen de alimento y albergue y cuyo desarrollo mental está atrofiado por la explotación. Con ellas, estamos al lado de los menos privilegiados, con los degradados y los oprimidos. Y, sin embargo, no podemos defender el tipo de lucha de clases que emplea medios violentos para vengar la explotación. Rechazamos las guerras defensivas de los oprimidos al igual que rechazamos las guerras defensivas de las naciones.

Debemos vivir en comunidad porque en la lucha espiritual nos hemos puesto de parte de todos los que luchan por la libertad, la unidad, la paz y la justicia social.

Todas las revoluciones, todas las comunas y los movimientos idealistas o reformadores, nos obligan a reconocer una y otra vez que solo hay una cosa que puede suscitar la fe en Dios: la acción que nace de la verdad. Nosotros tenemos solo un arma contra la depravación que existe en nuestros días: el arma del Espíritu, que es el trabajo constructivo realizado en la comunión del amor. Nosotros no reconocemos el amor sentimental, el amor sin trabajo. Ni tampoco reconocemos la dedicación a un trabajo práctico si no da muestras diarias de una relación de corazón a corazón entre los que trabajan juntos, de una relación que proviene del Espíritu. El trabajo del amor es un asunto del Espíritu. El amor que viene del Espíritu es trabajo.

Cuando mujeres y hombres trabajadores unen voluntariamente sus manos para renunciar a todo lo que es obstinado, aislado o privado, sus alianzas se convierten en señales indicadoras que conducen hasta la unidad última de todas las personas. La voluntad que trabaja para conseguir esta unidad viene de Dios. El trabajo como espíritu y el espíritu como trabajo: esta es la naturaleza fundamental del orden futuro de paz, que llega hasta nosotros en Cristo. Solo el trabajo hace posible la vida en comunidad, porque la alegría en el trabajo significa alegría en aquellos con quienes trabajamos. Tal alegría se nos da solo en la medida en que mantenemos una relación consagrada con lo eterno, aun cuando realicemos las tareas más mundanas. Porque todo lo que es material y terrenal está, al mismo tiempo, consagrado al futuro de Dios.

Nosotros tenemos que vivir en comunidad porque Dios quiere que respondamos, con una clara respuesta de fe, a los anhelos poco claros de nuestro tiempo.

Durante muchos siglos ha habido testigos de la vida de amor que brota de la fe, especialmente los profetas judíos y más tarde los primeros cristianos. Nosotros confesamos a Cristo, el Jesús histórico, y con él todo su mensaje tal como lo proclamaron sus apóstoles y lo practicaron sus seguidores. Por ello, nos situamos como hermanos y hermanas junto con todos los que han vivido en comunidad a través del largo curso de la historia: los cristianos del siglo i; los montanistas del siglo ii; el movimiento monástico y Arnoldo de Brescia; los valdenses; los seguidores itinerantes de Francisco de Asís; los bohemios y moravos y los Hermanos de la vida común; las beguinas y los begardos; los anabautistas del siglo XVI; los primeros cuáqueros; los labadistas de los siglos XVII y XVIII; y muchas otras denominaciones y movimientos hasta nuestros días.

Nosotros tenemos que vivir en comunidad porque nos sentimos empujados por el Espíritu que guía hacia la comunidad una y otra vez a lo largo de los siglos.

Nosotros reconocemos a Jesús y el cristianismo primitivo. Los primeros cristianos se dedicaron tanto a las necesidades externas de la gente como a las internas. Jesús trajo vida: sanó cuerpos enfermos, resucitó muertos, expulsó demonios de almas atormentadas y llevó su mensaje de alegría a los más pobres de entre los pobres. Su mensaje significa la realización en el momento presente del reino invisible futuro. Es la promesa de que al final la tierra será completamente ganada para Dios.

Lo que aquí importa es la totalidad. El amor de Dios no se detiene en las fronteras o barreras; tampoco Jesús se detuvo ante la propiedad, ni lo hizo ante la teología, el moralismo o el Estado. Jesús miró dentro del corazón del joven rico, a quien amó, y le dijo: «Una sola cosa te falta: anda, vende todo lo que tienes y dáselo a los pobres, y tendrás tesoro en el cielo. Luego ven y sígueme». Para

Jesús era obvio que sus discípulos no debían tener posesiones personales, sino más bien disponer de una bolsa común. Solo a uno de los apóstoles se le confió la detestable responsabilidad de administrar el dinero de los discípulos y sucumbió bajo ella, una lección que guarda mucho significado para nuestra actual sociedad materialista.

Pese a todo, la traición y la ejecución de Jesús no significaron la derrota. El Espíritu que el resucitado infundió a sus discípulos itinerantes produjo la vida compartida en comunidad en una escala mucho mayor. La primera iglesia se convirtió en una comunidad de varios miles de personas que, debido al amor que ardía en ellas, sencillamente tenían que vivir juntas. En todas las cuestiones relacionadas con la vida compartida en comunidad, las formas que surgieron estaban en consonancia con una comprensión de la vida como un todo unificado.

Los primeros cristianos en Jerusalén lo tenían todo en común. Quien tenía una propiedad se sentía impulsado desde dentro para compartirla. Nadie poseía nada que no perteneciera a la iglesia. Pero lo que la iglesia poseía estaba disponible para todos. Su amor generoso no excluía a nadie; sus puertas y su corazón no estaban cerrados a nadie. En el tiempo de su florecimiento encontraron maneras de llegar a toda la gente. Y aunque sus miembros estaban destinados a convertirse en objetivo del odio y la hostilidad, a pesar de eso ganaron el amor y la confianza de los más cercanos a ellos.

Los primeros cristianos vivían en el Espíritu. El Espíritu sopla como el viento; nunca es rígido como el hierro o la piedra. El Espíritu es infinitamente más sensible y delicado que los inflexibles designios del intelecto o el marco frío y duro de las estructuras gubernamentales o sociales. El Espíritu es más sensible incluso que todas las emociones del alma humana, más sensible que todos los poderes del corazón humano, sobre los cuales la gente trata —en vano y con demasiada frecuencia— de construir estructuras duraderas. Justamente por esta razón el Espíritu es también más fuerte e irresistible que todas esas otras cosas. Nunca puede ser vencido por ningún otro poder, porque él es la anchura, la profundidad y la altura del ser. Y él vive poderosamente en Jesús como la voz interior y el ojo interior que conduce a la comunidad.

La luz de la iglesia primitiva iluminó el camino de la humanidad solo con un breve destello. Pero su espíritu y su testimonio siguieron vivos después de que sus miembros fueron asesinados y dispersados. Esto sucedió una y otra vez a lo largo de la historia, cada vez que diferentes grupos de personas manifestaron nuevas expresiones del mismo Espíritu vivo. Los testigos fueron asesinados, pero nacieron otros nuevos —y siguen naciendo— una y otra vez para el Espíritu. Las comunidades pasan, pero permanece la iglesia que las crea.

Los esfuerzos por organizar la comunidad artificialmente solo pueden tener como resultado caricaturas horribles y sin vida. Pero cuando nosotros estamos vacíos, cuando nos abrimos al Espíritu Santo, al Viviente, experimentamos la misma vida que los primeros cristianos. Este Espíritu es alegría en el Viviente, alegría en Dios como la única vida verdadera. Es alegría en todas las personas, porque todas ellas tienen vida de

Dios. Este Espíritu nos empuja a todas las personas y nos da la alegría de vivir y trabajar unos por otros, porque es el espíritu de la creatividad y el amor.

La vida en comunidad es posible solo cuando nos sometemos a este Espíritu. Esta es una experiencia tan poderosa que nunca podremos sentir nada igual a ella; en verdad, nunca podremos conseguirlo. Pero nuestras energías pueden ser avivadas por su calor ardiente, si permitimos que nos abrase hasta el núcleo de nuestro ser, hasta el punto del sacrificio, sus llamas irradiarán por todas partes. La vida en comunidad es el martirio por el fuego: significa el sacrificio diario de todas nuestras fuerzas y todos nuestros derechos, todas las pretensiones supuestamente justificadas que normalmente planteamos a la vida. Como leños individuales tenemos que ser consumidos por el fuego —y unirnos en llamas resplandecientes—, si queremos dar calor y luz a la tierra.

Debemos vivir en comunidad porque el espíritu de la alegría y el amor nos da un impulso tan fuerte para alcanzar a otros que deseamos estar unidos con ellos continuamente.

Toda la vida natural es una parábola de la comunidad futura de Dios. Igual que el aire nos rodea o que un viento fuerte nos arrastra, necesitamos estar inmersos en el soplo del Espíritu que une y renueva todas las cosas. Igual que el agua nos lava y limpia todos los días, así también en el bautismo debemos dar testimonio de nuestra purificación de todas aquellas cosas que pertenecen a la muerte. Esta «sepultura» en el agua debe significar una ruptura completa con el *statu quo*. Tiene que ser un voto de enemistad mortal contra todo mal dentro de nosotros y a nuestro alrededor. Y nuestra salida del agua tiene que proclamar la resurrección con imágenes vivas y una claridad inolvidable.

La resurrección que vemos por todas partes en la naturaleza no es diferente: después de la muerte del otoño y el invierno vienen el florecimiento de la primavera y los frutos del verano; después del tiempo de siembra viene la cosecha. De hecho, todo el curso de la historia humana, desde nuestros orígenes hasta nuestra plenitud final, está simbolizado por el ciclo de la naturaleza.

El simbolismo se puede encontrar también en las trivialidades de la existencia: incluso ritos diarios como las comidas pueden convertirse, cuando se viven con reverencia, en fiestas consagradas de la comunidad. En un nivel más profundo podemos encontrar una expresión de la comunidad en el símbolo de la cena del Señor: la comida del pan y el vino. La comida de conmemoración no solo atestigua la catástrofe de la muerte de Cristo y de su segunda venida, sino también el hecho de que nosotros lo recibimos en nosotros mismos. Atestigua que su iglesia, su cuerpo, es la unidad última de la vida.

En el cuerpo humano, la comunidad se mantiene solo por el ciclo constante de células que mueren y se reemplazan por otras nuevas. De una manera similar, una vida de comunidad total solo puede existir donde hay un sacrificio heroico. Debido a que es una comunión educativa de ayuda y corrección mutua, de recursos compartidos y de trabajo, la verdadera comunidad es un pacto basado en la sumisión y el sacrificio voluntarios. Como tal, lucha por la existencia de la iglesia.

En el contexto de la iglesia comunidad, la justicia no tiene nada que ver con la satisfacción de demandas de derechos personales, aunque sean razonables; por el contrario, consiste en someterlo todo a Dios. Sin embargo, esto no se puede lograr mediante duras demandas sobre otros, sino en el gozoso sacrificio de uno mismo, porque el Espíritu de Dios se expresa en el trabajo entusiasta y voluntario.

Amamos el cuerpo porque es una morada consagrada del Espíritu. Amamos la tierra porque Dios la creó para que fuera cultivada por el trabajo en común de la humanidad. Amamos el trabajo físico —el trabajo de los músculos y las manos—, y amamos el talento del artesano, en el que el espíritu guía la mano. Vemos el misterio de la comunidad en la manera en que el espíritu y la mano trabajan uno por medio del otro.

También amamos la actividad de la mente y el espíritu: la riqueza de todas las artes creativas y la exploración intelectual y espiritual de la historia y la humanidad. Cualquiera que sea nuestro trabajo, tenemos que reconocer y hacer la voluntad de Dios en él. Y Dios nos ha confiado la tierra, no solo como heredad sino también como tarea: nuestro jardín tiene que convertirse en el jardín de Dios y nuestro trabajo tiene que promover la obra de Dios.

Debemos vivir en comunidad porque nos alienta el Espíritu que llama a la naturaleza, el trabajo y la cultura a la unidad y a la comunidad con Dios.

No menos significativo que el símbolo del cuerpo es el símbolo de la comunidad como precursora del reino de Dios. Donde Dios reina hay alegría, paz y justicia.

De la misma manera que todo cuerpo está formado por millones de células independientes, así también millones de personas se convertirán en un organismo. Este organismo ya existe hoy como la iglesia invisible.

Cuando reconocemos como realidad la unidad y el orden de esta iglesia invisible, reconocemos al mismo tiempo la libertad del Espíritu dentro de ella. Cuanto mayor sea la claridad con que una comunidad define su misión exclusiva, más profundamente consciente deberá ser su pertenencia a la *una sancta*, la única iglesia. Por ser parte de un organismo mayor, necesita el compartir que proviene del servicio a todo el cuerpo, y necesita ser instruida y guiada por el testimonio unido de todos los que creen en la iglesia.

El secreto de la comunidad hay que encontrarlo en la libertad de autodeterminación, en la decisión personal de los miembros individuales de entregarse al todo y, al mismo tiempo, de ejercer su voluntad para el bien. Esta libertad, sin la cual no puede existir vida comunitaria, no tiene nada que ver con el poder ejercido por la obstinación humana ni guarda ninguna relación con la falta de carácter o el desenfreno. En una comunidad de personas profundamente cambiadas que creen en el Espíritu, la libertad de los individuos en su libre decisión existe para la voluntad del Espíritu. Si cada miembro trabaja desde dentro por el bien común, la libertad se convierte en unanimidad y concordia. La voluntad de una persona liberada de esta manera se orientará hacia el reino, hacia la unidad de Dios y hacia el bien de toda la raza humana. Como tal, será vital e intensamente enérgica.

Una voluntad activa, que se encuentra en un mundo de muerte, tiene que afirmarse constantemente contra los poderes de la mentira, la impureza, el capitalismo y la fuerza militar, que nos destruyen y nos esclavizan. Está comprometida en la batalla en todas partes: contra el espíritu de asesinato, contra toda hostilidad (incluido el veneno de la lengua burlona y pendenciera) y contra todos los males e injusticias que las personas cometen contra otros. Se debe luchar tanto en la vida pública como en la privada contra la verdadera naturaleza del odio y la muerte, y contra todo lo que se opone a la comunidad.

El llamado a la libertad es un llamado a batallar sin pausa. Los que son llamados a ella tienen que estar siempre alertas. No solo necesitan su mayor fuerza de voluntad, sino también la ayuda de Dios, a fin de responder ante la difícil situación de los oprimidos, de estar con los pobres y de luchar contra todo mal en sí mismos y en el mundo que los rodea.

Es preciso librar esta lucha contra el mal dentro de la comunidad con más fuerza que contra el mal del mundo exterior. Y más importante aún es el hecho de que es preciso librarla dentro de cada individuo, que debe asumir la lucha contra el viejo Adán desde la posición del nuevo Adán. De esta manera toda flojedad y toda indulgencia débil será vencida por el poder ardiente del amor.

Debemos vivir en comunidad porque la lucha de la vida contra la muerte demanda filas unidas de almas y cuerpos.

La comunidad de bienes presupone la disposición de cada uno de los miembros para entregar incondicionalmente a la familia común cualquier cosa que adquiera en la forma de ingreso o propiedad, sea grande o pequeña. Con todo, ni siquiera la comunidad se considera como propietaria corporativa de su inventario y empresas. Antes bien, actúa como depositaria de los bienes, que administra para el bien común de todos, y por ello mantiene su puerta abierta a todos. Por la misma razón, es preciso que la toma de decisiones se realice en la unanimidad inalterable del Espíritu.

La lucha por la unidad y el amor se libra en muchos frentes y con muchas armas diferentes. Así también, la obra de la comunidad encontrará expresión de muchas maneras distintas. Pero debemos tener certeza de propósito para cada tramo del camino que somos llamados a recorrer, y cuando poseamos esta certeza se nos dará la fuerza para la lealtad y la infalible claridad, hasta en las cosas pequeñas, hasta el final. No puede haber una gran comisión sin una tarea claramente definida. Solo los que permanecen firmes pueden llevar el estandarte. A la persona que no puede resistir no se le puede confiar nada.

Tiene una importancia decisiva que nuestro trabajo lleve solo a Cristo, que sirva a la totalidad, a la iglesia, al reino venidero. Cuando vemos nuestra tarea como algo especial en sí mismo, nos extraviamos. Pero cuando servimos a la totalidad, servimos a Dios y a la comunidad. No obstante, antes de que nuestro servicio humano se pueda convertir en servicio divino, tenemos que reconocer cuán pequeño y limitado es frente a la totalidad.

No hay que confundir nunca un llamado especial —por ejemplo, a la vida en comunidad— con la iglesia de Cristo. La vida en comunidad significa disciplina en comunidad, educación en comunidad y continua formación para el discipulado en Cristo. Ahora bien, el misterio de la iglesia es algo diferente de esto, algo mucho mayor. Es la vida de Dios, y al provenir de Dios penetra en la comunidad. Esta penetración de lo divino en lo humano, acontece allí donde la tensión del desesperado anhelo produce una apertura y disposición en la que solo Dios puede actuar y hablar. En tales momentos una comunidad puede recibir la comisión de la iglesia invisible y la certeza para una misión específica: hablar y actuar en nombre de la iglesia, aunque sin confundirse con la iglesia.

La iglesia que nosotros reconocemos vive en el Espíritu Santo. El Espíritu en que creemos lleva la iglesia dentro de sí mismo. Esta iglesia del Espíritu dará vida a la futura unidad de la humanidad. De hecho, ahora mismo ya está dando vida a todas las comunidades verdaderamente vivas. El fundamento y elemento básico de toda comunidad no es la mera suma de sus miembros, sino simple y únicamente la unidad del Espíritu Santo, porque la verdadera iglesia está presente aquí.

Un organismo se convierte en una unidad a través de la unidad de conciencia producida por el espíritu que lo anima. Lo mismo sucede en una comunidad de creyentes. La unidad futura de la humanidad, cuando solo Dios reine, está asegurada por el Espíritu Santo. Porque este Espíritu es el líder venidero y el Señor mismo. La única cosa a la que podemos aferrarnos aquí y ahora, la única cosa que ya podemos percibir de este gran futuro de amor y unidad, es el Espíritu. La fe en el Espíritu es fe en la iglesia y fe en el reino.

En la vida de una comunidad es preciso afrontar repetidamente varias cuestiones decisivas. ¿Cómo somos llamados? ¿Para qué somos llamados? ¿Seguiremos el llamado? Solo unos pocos en cada momento serán llamados a seguir nuestro camino especial. Y los que son llamados tienen que adherirse a la misión común que Dios les ha mostrado para el resto de sus vidas. Tienen que estar preparados para sacrificar su misma vida por causa de la unidad.

La gente se va de casa y deja a sus padres y su carrera por el matrimonio; ponen en riesgo su vida por su mujer y sus hijos. De la misma manera es necesario romper con todo y sacrificarlo por causa de este camino. Nuestro testimonio de comunidad voluntaria de bienes y de trabajo, de una vida de paz y amor, tendrá significado solo cuando sometamos a ello toda nuestra vida y nuestro sustento.

Ahora [1925] se cumplen más de cinco años desde que nuestra pequeña comunidad en Berlín decidió aventurarse, en el sentido de esta confesión, para vivir y trabajar juntos en comunidad sobre la base de la confianza. Con el tiempo ha llegado a existir una vida de comunidad total. Somos muy pocos, y la procedencia y condición de cada uno de nosotros son muy diversas, pero queremos situarnos como un movimiento al servicio de todas las personas. En virtud de los fundamentos de nuestra fe, no podemos abordar el desarrollo de nuestra comunidad desde un punto de vista puramente económico. No podemos simplemente seleccionar a las personas más capaces para nuestros diferentes departamentos de trabajo. Buscamos la eficiencia en todas las áreas; pero mucho más importante es que buscamos la fe. Todos nosotros —ya seamos miembros comprometidos, voluntarios o huéspedes, y sin que importe cuál sea nuestra tarea— tenemos que preguntarnos diariamente si estamos madurando hacia la comunidad futura regida por Cristo.

Nuestro trabajo, pues, es una aventura emprendida una y otra vez. Ahora bien, nosotros no somos su fuerza motriz, sino que más bien somos impulsados y debemos sentirnos urgidos. El peligro de agotamiento e inutilidad siempre está presente, pero será continuamente vencido por la fe que subyace en la ayuda mutua.

— *Ensayo, 1925*

Ciertamente es verdad que Dios actúa en las personas, en los hombres y en las mujeres. Pero cuando esta verdad se exagera hasta tal punto que creemos solo en nosotros mismos y en otros seres humanos, nos encontramos en el camino equivocado. Tenemos que creer en Dios de tal manera que sea Dios quien esté en el centro, no nosotros. Solo entonces Dios podrá actuar en nosotros y a través de nosotros. Tenemos que volvernos tan transparentes que lo que otras personas vean sea a Dios y no a nosotros. La comunidad no puede nacer de otra manera. No podemos construir la comunidad con nuestras propias fuerzas, por ello no tiene ninguna importancia cuán humildes, dedicados o modestos podamos ser.

— *Conversación con visitantes, junio de 1933*

No tenemos nada. Si alguna vez pensamos que teníamos una comunidad, ahora hemos visto que no la tenemos. Y es bueno para nosotros que lo hayamos visto. La comunidad existe exclusivamente en Cristo y su Espíritu vivificador. Si lo olvidamos y nos quedamos sin su influencia, si perdemos su actuación entre nosotros, toda nuestra comunidad se habrá terminado.

— *Discurso, noviembre de 1935*

Nuestra comunión de bienes, de mesa, de trabajo y de vida no debería ocupar nunca el lugar de lo que es esencial, aun cuando todas esas cosas hayan brotado de lo esencial. Lo único esencial es Dios mismo: su voluntad de amor total, su poder para la vida renovada, y su Espíritu para la hermandad activa.

— *Carta, 1927*

8

La lucha contra mammona

Toda su vida Arnold luchó contra el mamonismo, es decir, «la esclavitud del alma a la circunstancia». Esta lucha no se vio disminuida ni siquiera por una vida de pobreza. Sus hijos recuerdan que su madre ocasionalmente exponía sus preocupaciones sobre las deudas económicas en el desayuno, el único momento del día en que la familia podía estar relajada. La respuesta de Arnold era predecible: «Emmy, la preocupación también es mamonismo. Disfrutemos de este momento con nuestros hijos».

Dios o *mammona*

«Ninguno puede servir a dos señores; porque o aborrecerá al uno y amará al otro, o se llegará al uno y menospreciará al otro: no podéis servir a Dios y a *Mammón*» (RVR–1909).* Esta lucha grande y dinámica de la que Jesús habló todavía continúa hoy con toda su fuerza. *Mammona* es una palabra aramea que significa riqueza; es la riqueza con la que Satanás tentó incluso

---

* La Biblia Reina-Valera, revisión de 1909, fue la última traducción española que incluyó el término griego *mamōnã'* que proviene de raíz hebrea y aramea, transliterado al español como *Mammón*. Posteriormente, todas las traducciones españolas de la Biblia, tanto católicas como evangélicas, realizadas en España o en Hispanoamérica, han traducido el término original como «riquezas» o «dinero», aunque también se refiere a la propiedad, bienes o posesiones, pero sobre todo al poder que ejercen sobre la vida humana. (N. del E.)

a Jesús: «Todo esto te daré si te postras y me adoras».

En los primeros siglos del cristianismo, algunos estudiosos interpretaron *mammona* como un nombre del diablo Beelzebú. Otros lo interpretaron como el nombre de un demonio particularmente relacionado con el dinero. Todo intento de combinar el servicio a Dios con el servicio a *mammona* terminará fracasando. Tenemos que adherirnos solo a Dios y despreciar a *mammona*.

Dios y *mammona* son los dos señores entre los cuales tenemos que elegir. Son dos metas que no se pueden reconciliar. La búsqueda del dinero, la preocupación por las cosas externas, es incompatible con todas las demás metas y propósitos. Entregarnos a una vida de comodidad y placer significa dejar que las cosas externas se conviertan en la fuerza determinante de nuestra vida. Servir a *mammona* significa adorar en secreto a las cosas, aferrándonos a ellas y amándolas a costa de la exclusión de Dios.

Las personas materialistas reclaman todo para sí mismas. Se dejan llevar por los sentidos y solo buscan la comodidad, el confort y el placer corporal. Valoran las cosas, no a las personas, y están dominadas por su poder. Se han convertido en esclavas de ellas y han sido privadas de la riqueza que la vida da y ofrece. Solo preguntan qué puede darles la vida; solo conocen derechos y no responsabilidades. Su meta suprema es la paga y la ganancia. Luchan y se esfuerzan por asegurar la propiedad y la comodidad a costa de los demás. Sin embargo, los creyentes ven en este amor al dinero el antiguo —y siempre nuevo— peligro que amenazó incluso a los primeros cristianos.

Con excepción de la victoria sobre el yo, no existe nada que pueda librarnos de la vida falsa y degradada que está al servicio de *mammona*. Hasta los no creyentes lo reconocen. Nietzsche dijo: «Consúmete en tu propia llama; ¿cómo puedes volverte nuevo si primero no te conviertes en cenizas?». Y Goethe escribió: «Hasta que no aprendas / a morir y vivir de nuevo / no serás más que un lóbrego huésped / aquí sobre esta oscura tierra».

Pero ¿cómo es posible «re-convertirnos», como pedía el místico Eckhart? ¿Cómo puede una persona, según las palabras de Goethe, «deshacerse» del propio yo cuando está atada y encadenada como un esclavo de *mammona*? ¿Cómo puede un hombre entrar en la casa de un hombre fuerte y robar sus bienes si no lo ata primero?

Cuando un hombre fuerte guarda su propia casa, sus bienes están a salvo; pero si uno más fuerte llega y lo vence, pronto reparte el botín. Jesús es más fuerte que *mammona*: él ha vencido, desarmado y atado al enemigo. La cruz es más fuerte que el diablo, su victoria es la liberación de *mammona*, de la falta de vida en una existencia degradada. Si morimos con Cristo, viviremos con él. Por consiguiente, «Concentren su atención en las cosas de arriba, no en las de la tierra, pues ustedes han muerto y su vida está escondida con Cristo en Dios».

— *Ensayo, 1915*

La lucha contra *mammona*

Si la vida es amor y el amor significa comunión, y si todos los seres vivos interactúan para promover vida, unidad y libertad, entonces ¿cómo es posible que la muerte, la destrucción y el asesinato estén tan extendidos hoy en el mundo?

Dos poderes actúan en el mundo: el poder del amor que lleva a las personas a asociarse entre sí, y el poder de la muerte que las separa y destruye la comunión de amor. Este poder de muerte envenena el organismo de la humanidad, haciendo que enferme y se corrompa. Asesina y mata. Codicia y aísla. Ataca todo lo que mantiene unida la vida. Destruye la coherencia de todos los seres vivos. Pero junto a este poder que asesina y esclaviza, sigue habiendo todavía un poder constructivo y creativo.

Esta tensión entre contrarios es una realidad de la vida. Las personas que tratan de consagrar su vida o dedicarse a una causa tienen que afrontar este dilema, esta disyuntiva entre Dios o *mammona*. Y no es verdad que todo lo religioso esté unido contra todo lo irreligioso. Estaría más cerca de la verdad quien trazara la línea divisoria a través de los dos.

No todos los que se llaman cristianos están vinculados al mismo centro, ni están motivados por la misma cosa. La religión de muchos que confiesan el nombre de Jesucristo no tiene nada que ver con Dios o el reino venidero. Su religión es realmente la del antidios; está impregnada por los poderes demoníacos del abismo que causan la desintegración de la solidaridad humana.

¿No es la gran organización mundial que lleva el nombre de Cristo la que sirve a otro dios, que no es el Dios a quien Jesús confesó? ¿No se ha puesto la iglesia institucional del lado de la riqueza y la ha protegido; no ha santificado el dinero, no ha bautizado barcos de guerra y bendecido a soldados que van a la guerra? ¿Acaso esta iglesia no ha negado de manera esencial a aquel al que confiesa? ¿No es el Estado cristiano la institución más impía que jamás haya existido? ¿Y no son el Estado y la iglesia organizada, que protegen el privilegio y la riqueza, diametralmente contrarios a lo que ha de venir, a saber, el nuevo orden de Dios?

Nadie puede servir a dos señores. Nadie puede servir a Dios y a *mammona*. El mensaje de Cristo implica la «*trans*valoración de todos los valores», la venida del reino de Dios. Sus primeros testigos dieron testimonio de un orden radicalmente nuevo, un orden oculto para aquellos a quienes había cegado el dios de este mundo. Este dios —el dios de la codicia y del homicida afán de posesión— se opone al reino de justicia, unidad y amor. Jesús definió su naturaleza con la mayor claridad y precisión. Llamó a Satanás el «asesino desde el principio».

Incluso los ciegos pueden ver que el desarrollo económico implica el homicidio de miles de personas, que las grandes corporaciones dominan gracias al poder del espíritu de la mentira, y que los gobiernos hacen la guerra sirviéndose del engaño. Una sociedad capitalista solo se puede mantener con mentiras; si la gente lo pudiera reconocer, se produciría una rebelión contra el mayor engaño en la historia de la humanidad. Pero estamos muy lejos de rebelarnos. La mayoría de los piadosos y hasta muchos trabajadores piensan: «Siempre habrá ricos y pobres». Ignoran el hecho de que es imposible amasar ningún tipo de fortuna sin defraudar, sin privar y robar a otros y destruir sus vidas. Son incapaces de comprender que las grandes corporaciones, concentradas en unas pocas manos, pueden llevar a cientos de miles de personas a la ruina mediante el desempleo.

¿Por qué estos hechos siguen encubiertos para nosotros? ¿Cómo es posible ser estafados de la justicia y estar ciegos ante ello? Es porque nosotros mismos también estamos bajo el dominio de este dios, de *mammona*.

Mammona es el dominio del dinero sobre las personas. Significa la dependencia, no de Dios, sino de los ingresos y de la economía. Reconocemos que *mammona* es el enemigo de Dios, pero no podemos aplicar la palanca que lo saca de su quicio: nosotros mismos estamos tan dominados por él que carecemos de la fuerza necesaria para rebelarnos.

Las relaciones humanas más profundas no están basadas en *mammona*, sino en el Espíritu. Ninguno de nosotros puede vivir aislado; todos somos interdependientes. Todos nosotros estamos interrelacionados en grupos, familias, clases y sindicatos; en naciones, Estados, iglesias y toda clase de asociaciones. Y por nuestra humanidad estamos interrelacionados de una manera aún más profunda: por medio del amor de Dios que fluye de espíritu a espíritu y de corazón a corazón, que conduce a una comunión orgánica y constructiva.

Pero hay un medio diabólico que trata de robarnos el corazón, el espíritu y a Dios. Este medio es el dinero. El dinero reduce las relaciones humanas a asociaciones materialistas. Destruye las metas humanas más altas. Al principio pudo ser sencillamente un medio de intercambio, pero después se convirtió en un artículo de consumo en sí mismo. Se convierte en poder. Al final destruye toda comunión verdadera.

El dinero y el amor se excluyen mutuamente. Donde reina *mammona*, la voluntad posesiva es más fuerte que la voluntad de formar comunidad. La lucha por la supervivencia se vuelve más fuerte que el espíritu de ayuda mutua. Donde reina *mammona*, la materia es más fuerte que el espíritu, y la afirmación de sí mismo más fuerte que la solidaridad. *Mammona* nunca motiva a las personas a trabajar de una manera creativa por una vida de comunión. Al contrario, produce la esclavitud del alma a la circunstancia. Es el espíritu de mentira, impureza y asesinato, el espíritu de debilidad y muerte.

Jesús, el príncipe de vida, declaró la guerra a este espíritu, y también nosotros tenemos que declarársela. Cuando nuestro ojo más íntimo se ha abierto a esta luz, ya no puede más responder a lo que *mammona* exige. Cuando nuestros corazones están puestos en el futuro, cuando esperamos el reino de Dios, ya no podemos acumular propiedades. Daremos nuestra espalda a todo lo presente y en su lugar viviremos para la libertad, la unidad y la paz.

Jesús no entró en el templo con un látigo para golpear a las personas, sino para mostrar su desprecio al dinero: la casa de su Padre pertenecía a Dios, no a *mammona*. En el Evangelio de Mateo, exhortó al joven rico, impecable en todo lo demás, a que confirmara su amor vendiendo todo lo que tenía: «dáselo a los pobres . . . Luego ven y sígueme». Y cuando le mostraron la moneda del emperador, respondió: «denle al césar lo que es del césar y a Dios lo que es de Dios».

Este ataque contra el orden de *mammona* lo llevó a la muerte. Pero la vida tuvo la victoria final. Los hombres y las mujeres, que se habían reunido a su alrededor durante su vida terrenal, esperaban algo nuevo después de su muerte. Esperaban el Espíritu. Sabían que el Espíritu de amor, orden y libertad era el espíritu del reino de Dios. Y este Espíritu descendió sobre ellos, formando una iglesia: una comunión de trabajo y bienes en la que todo pertenecía a todos, en la que todos se mantenían activos para el desarrollo pleno de sus dones y capacidades.

Esta iglesia sucumbió al proceso que destruye la vida. Al igual que los individuos mueren, también esta iglesia murió. Pero en el curso de los siglos surgió una nueva iglesia. Una y otra vez se formaban nuevas comunidades en las que hombres y mujeres declararon la guerra a *mammona* y abrazaron la pobreza de la generosidad. Al escoger esta pobreza, escogieron el camino más rico.

Entre los pueblos primitivos existió un comunismo simple. Y a lo largo de la historia ha continuado la lucha revolucionaria, la lucha contra el materialismo. Nosotros que vemos hoy en día los desastrosos resultados del capitalismo, nos encontramos en el punto donde comienza la sublevación contra el capitalismo. Las palabras de Jesús —«El que no está de mi parte, está contra mí»— son verdad también para nosotros. Estamos del mismo lado que todos los revolucionarios que luchan contra *mammona*.

Hay dos maneras de luchar contra *mammona*. Una se adhiere a los ideales del socialismo y el comunismo. La otra es el camino del trabajo compartido en comunidad y de la comunión en todas las cosas espirituales y materiales, la reunión voluntaria de los que son libres de la propiedad privada y el capital. Esta es la semilla que brota en terreno pedregoso.

Al principio, no asoma más que una pequeña brizna de hierba. Después de unos días de sol y lluvia, se observa que el campo empieza a reverdecer. Luego, solo unas semanas después, todo el campo florece de vida. A pesar de malas hierbas y piedras, el joven cultivo se abre camino. Lo que no puede conseguir una brizna de hierba por separado, lo logra todo el campo. ¡La cosecha está ahí!

Pero no se puede separar el trigo de la cizaña antes de la cosecha. Tenemos que esperar que llegue el tiempo de la siega; si no lo hacemos, arrancaremos el trigo y la mala hierba seguirá en pie. Sería completamente contrario al Espíritu de Jesús que en una revolución sangrienta los siervos de *mammona* fueran colgados en farolas. No podemos tomar parte en una revolución violenta porque se asocia con el padre de la mentira.

Es un autoengaño pensar que podemos vencer a *mammona* con la violencia, porque esta procede del mismo espíritu maligno que *mammona*. No podemos expulsar el veneno con veneno. Lo nuevo solo puede nacer de lo nuevo; la vida solo surge de la vida; el amor solo puede nacer del amor. La comunidad solo puede surgir cuando hay voluntad de construirla.

Y la comunidad está viva allí donde pequeños grupos de personas se encuentran, dispuestas a trabajar por la única gran meta, la de pertenecer al único futuro verdadero. Ahora mismo nosotros podemos vivir en el poder de este futuro; ya podemos conformar nuestra vida de acuerdo con Dios y su reino. El reino de amor, que está

libre de *mammona*, se está acercando. Cambia radicalmente tu manera de pensar de modo que puedas estar
preparado para el orden venidero.

— *Conferencia, 1923*

9

Dios con nosotros

¿Cómo llegamos a Jesús? Para experimentar el corazón de Dios, necesitamos a Jesús; para experimentar a Jesús, necesitamos experimentar ese momento en el que sacrificó su corazón. Y este fue el momento en que selló la entrega de su vida con la última gota de su sangre, cuando se apagó la luz de sus ojos y su corazón se partió, el momento en que también consoló a un criminal. Sucedió en el Gólgota, que es el tiempo y el lugar en el que entramos en la comunión pura y sin obstáculos con la eternidad de Dios, el corazón de Dios y el amor de Dios. El Gólgota es la ventana a través de la cual podemos ver desde esta tierra tenebrosa el resplandor del corazón de Dios.

«Si Cristo naciera mil veces en Belén pero ninguna en ti, todavía seguirías eternamente perdido» (Angelus Silesius). El misterio de la religión atestigua la unidad del alma individual con Jesucristo, la unidad del espíritu individual con el Espíritu universal en un momento del tiempo.

— Conferencia, marzo de 1921

La experiencia de Dios

En esta selección de Innerland, *Arnold hace hincapié en Cristo como persona, no como concepto o como mera figura histórica. Jesús no trajo una nueva religión, sino nueva vida. Y su mensaje carece de significado si no afecta nuestra manera de vivir.*

El reino de Dios es la voluntad de Dios hecha realidad. Y la voluntad de Dios no está condicionada, no puede estar limitada. No reconoce ninguna otra voluntad y no tolera ninguna autoridad rival. Tampoco se alía con nada que reduzca, restrinja o limite el amor. El reino de Dios es poder: es la justicia de Dios, la paz de Jesucristo y el gozo en el Espíritu Santo.

Y el reino de Dios puede empezar ahora mismo, en nuestro tiempo, en cualquier lugar donde reine la paz de Cristo. Porque Dios envía el Espíritu de su Hijo a nuestros corazones. Esto produce tanto una obligación como una autoridad: los que están sujetos a este Espíritu deben expulsar todos los demás espíritus, y tienen que establecer como válidas las leyes espirituales del reino incluso en las esferas externas de la vida.

La paz de Dios en nuestros corazones nos capacitará para convertirnos en constructores y portadores de paz exterior. Porque Dios llena el corazón del creyente con una alegría tan desbordante que por amor tiene que salir al encuentro de todos, expulsando los espíritus de la guerra y la lucha, de la competencia y la propiedad privada. Los que reciben esta alegría se sentirán atraídos, uno tras otro, al círculo del amor y la comunidad completa. El espíritu de la iglesia es el espíritu del reino de Dios, el espíritu de justicia, paz y alegría. Y es la iglesia de Jesucristo la que trae este reino a la tierra aquí y ahora.

El Espíritu de Dios actúa en nuestros corazones, pero también produce consecuencias externas. Este Espíritu quiere la comunidad en todas las cosas y por ello rompe todas las relaciones humanas y las construye de nuevo. Este Espíritu no tiene su origen en las personas, sino que se desborda en los corazones creyentes, corazones que, cuando están llenos de Dios, irradian una fe que fortalece la vida y acrecienta las obras por mil. Esta fe es algo personal, pero es también una realidad objetiva. Es la seguridad de la confianza con la que Pablo declara: «ya no vivo yo sino que Cristo vive en mí. Lo que ahora vivo en el cuerpo, lo vivo por la fe en el Hijo de Dios». No puede haber más vida de fe que la que se vive en unidad y comunidad con Cristo.

La fe cobra vida en Cristo. Nosotros vivimos en Cristo y Cristo vive en nosotros; es él quien transforma nuestras vidas desde dentro. Lutero experimentó esta relación mutua solo después de varios años de lucha; por esta razón su experiencia de Dios es importante históricamente. Su conciencia de pecado y su temor a la justicia de Dios lo hundieron en una angustia tan grande que no sabía qué camino tomar. No podía encontrar consuelo, ni desde dentro ni desde fuera, y sentía que tenía que perecer sin remedio.

Solo a través de la gracia del amor de Cristo pudo afirmar después, en una carta a su amigo Spenlein, que Cristo nos justifica sin nuestras propias obras ni esfuerzos, y que sin esta justificación no podemos vivir delante de Dios, ante nosotros mismos o ante otros:

Aprende a conocer a Cristo, es decir, a Cristo crucificado... Dile: «Tú, Señor Jesús, eres mi justicia, pero yo soy tu pecado. Tú has tomado sobre ti lo que era mío y me has dado lo que era tuyo; tú has aceptado lo que no has sido y me has dado lo que yo no he sido». Sí, aprenderás del mismo Cristo que, de la misma manera que te ha aceptado a ti, ha hecho suyos tus pecados, y ha hecho tuya su justicia.

Esta relación mutua, este mutuo dar y recibir, es la comprensión de Lutero de las palabras: «ya no vivo yo sino que Cristo vive en mí». Y la certeza de esta unicidad no depende de nosotros sino de él. Morimos a nosotros mismos solo cuando nuestra voluntad se hace una con su voluntad de morir. Todo lo que nosotros hemos sido, hemos experimentado o hemos logrado tiene que morir en la cruz. Solo desde el sepulcro de Cristo puede la voluntad resucitar a la libertad.

Es la soledad del crucificado la que nos da la libertad frente a la autosuficiencia. Es el paso dado por la fe, hasta la muerte y a través del sepulcro, lo que lleva a la certeza de la vida. Cristo nos acepta de una manera tan completa que dice: «Yo soy este pobre pecador; su pecado es mi pecado y su muerte es mi muerte». Esta unidad en la muerte nos libera del pecado, a pesar de la conciencia más aterradora que podamos tener de él. ¡Nosotros tenemos vida en el resucitado!

Ahora Cristo está en nosotros: él ha tomado sobre sí nuestra vida. Él se ha llevado nuestra antigua vida; a través de su vida, ahora compartimos todo lo que él es. Todo lo que él posee nos lo ofrece ahora. El mismo Jesús que dice: «Se me ha dado toda autoridad en el cielo y en la tierra», nos da ahora su autoridad. El mismo Cristo que se sienta a la derecha del Padre nos hace partícipes de su divinidad. Él, el Hijo del hombre, el último Adán, nos ha hecho sus hermanos y hermanas.

A menudo se olvida que para Lutero la fe significaba tomar posesión del tesoro precioso y costoso, es decir, de Cristo. Solo Cristo mismo pudo dar sustancia y contenido a la fe de Lutero. Pero nosotros no necesitamos definir la fe. Lo que necesitamos es sencillamente a Cristo. Cristo desciende hasta nosotros y se convierte en nuestra vida. Su venida es fe; lo que él hace es fe. Las fuerzas humanas de la piedad, la sabiduría y la religión, a pesar de toda su comprensión y sus buenas intenciones, no tienen fe. Sus esfuerzos por elevarse hasta Dios son inútiles. Creer en Cristo significa simplemente que Cristo se hace uno con nosotros. Significa que él permanece en nosotros. La vida que tenemos en la fe es Cristo mismo.

Y donde está Cristo queda cancelada para siempre la ley que nos condena. Aquí está Cristo, que condena el pecado y silencia la muerte. Donde está él, tiene que retirarse todo aquello que destruye la vida. ¿Quién puede separarnos del amor de Cristo? ¡Cristo está aquí! Ningún poder puede separarnos del amor de Dios mientras él, el más poderoso, sea nuestro maestro. Si lo perdemos, no hay ayuda posible, ni consuelo, ni abogado en ninguna parte. El terror de la muerte será todo lo que podamos conocer. Pero estar con Cristo significa vida y paz, dentro y fuera.

La vida de Cristo es energía, porque Dios es poder dinámico. Lutero dice expresamente que el Espíritu Santo no deja al creyente ocioso, sino que lo empuja a «toda forma de bien, en la que puede ejercitar su fe y probar su carácter cristiano». Pero aquí tenemos que ir más allá de Lutero, porque aquí él no avanza más.

Si Cristo vive en nosotros, desplegará sus poderes en nosotros. La justicia y rectitud de su Padre se convertirá en nuestra justicia y rectitud. Cristo en nosotros significa servir a otros y trabajar por los demás, porque nuestra fe debe ser tan activa en el amor como fue la suya. Lo que él realizó, también nosotros tenemos que ponerlo en práctica.

La unidad de Jesús con el Padre es tan completa que llega a decir: «Todo lo que yo tengo es tuyo, y todo lo que tú tienes es mío». De la misma manera, los creyentes están tan unidos con Cristo que también pueden decir, a Cristo y a sus hermanos y hermanas: «Lo mío es tuyo y lo tuyo es mío». El amor de Cristo los impulsa a actuar y a vivir de esta manera. La justicia y rectitud de los cristianos es Cristo y su vida. El Espíritu Santo los apremia a realizar las mismas obras buenas que Jesús hizo.

Los que han sido cautivados por Jesús tienen, como él, un amor que renuncia a todos los privilegios. Cuando confiesan que Cristo es su vida, escogen como Cristo la pobreza voluntaria por causa del amor; sacrifican como Cristo sus vidas incondicionalmente por los amigos y los enemigos, con todo lo que son y lo que tienen.

A Jesús se le dio toda autoridad y poder. Su amor, por tanto, debe reinar incondicionalmente y sin impedimentos en las vidas de aquellos que reciben su autoridad. Solo entonces puede darles su comisión. Y esta comisión debe llenar toda la vida. Debe transformar todas las circunstancias y relaciones de acuerdo con sus demandas objetivas.

No deberíamos decir que creemos en Cristo y su reino, o en la unidad y comunidad con él, si no sacrificamos todo y compartimos todo unos con otros, igual que él lo hizo. No deberíamos afirmar que su bondad y su justicia se han convertido en nuestra bondad y nuestra justicia, si no nos entregamos a los más pobres y oprimidos igual que él se entregó a ellos. No deberíamos pensar que hemos experimentado al Todopoderoso, que ejerce toda autoridad a la diestra del Poder, si sus obras de justicia y comunidad no se cumplen en nuestras vidas. Si tenemos fe, la actuación de esta fe tiene que resultar evidente en obras de amor perfecto. Si Cristo reina en nosotros, su reinado tiene que salir de nosotros a todas las naciones. Si su espíritu está en nosotros, las corrientes de su Espíritu deben transformar todo lo que nos rodea de acuerdo con sus promesas sobre el reino venidero.

— *Innerland*

Las obras revelan el carácter del corazón. Si el corazón no es claro y sin división —«íntegro», como dice Jesús—, entonces es débil, flojo e indolente, incapaz de aceptar la voluntad de Dios, de tomar decisiones importantes, de actuar enérgicamente. Esta es la razón por la que Jesús atribuyó la mayor significación a la unicidad del corazón, a la sencillez, la unidad, la solidaridad y la determinación. La pureza de corazón no es otra cosa que la integridad absoluta, que puede vencer deseos que debilitan y dividen. Una resolución determinada es lo que el corazón necesita a fin de ser receptivo, veraz y recto, confiado y valiente, firme y fuerte.

— *Innerland*

El Espíritu del resucitado

Con frecuencia se ha atacado a los círculos cristianos por causa de su llamado al arrepentimiento. Se les dice que la incesante acusación de la conciencia paraliza la iniciativa, quita la libertad y destruye la personalidad. Ciertamente habría que llegar a esta conclusión si solo se experimentara la conciencia de pecado por sí misma. Pero los que proclaman a Cristo no pueden separar el arrepentimiento de la fe. El mensaje de la cruz es inseparable de la proclamación del resucitado.

Lutero exhortó al remordimiento y arrepentimiento diario porque experimentó una y otra vez la certeza incondicional de poseer el don de la salvación. Él sabía que nadie podía acusar y condenar a los elegidos de Dios, y también que él mismo había sido justificado por Dios. Había experimentado la presencia de Cristo, que intercede por nosotros con los mismos poderes de su vida resucitada.

Una de las cosas que no se pueden explicar fácilmente es que, para un cristiano, el reconocimiento más profundo del pecado y la libertad absoluta de toda condenación, deben convertirse en una por completo. La fuente de la libertad interior y la fe radican en Dios y en Cristo, mientras que las tenebrosas profundidades del remordimiento y el arrepentimiento se encuentran solo en nosotros mismos.

Es el instinto de autopreservación del alma lo que impide que seamos completamente sinceros sobre nuestra propia condición moral. Sin la fuerza del evangelio, la introspección desordenada de nuestro desvalimiento y depravación nos llevaría a la desesperación, porque es justamente cuando intentamos aplicar la autodisciplina más estricta y el código moral más firme, cuando nos enfrentamos con la absoluta imposibilidad de justificarnos a los ojos de Dios. El evangelio quiere que la verdad sobre nuestra condición se ponga completamente al descubierto. Al mismo tiempo, nos ofrece la posibilidad de una conciencia clara y gozosa, un Dios misericordioso en medio del más profundo reconocimiento de nosotros mismos. Dios ha hecho lo que nosotros somos incapaces de hacer con nuestro esfuerzo: nos ha enviado a su Hijo.

La fe en este hecho no puede verse sacudida por nada. Aunque todos hablen contra nosotros, aunque nos acusen y condenen, nosotros, creyentes en Dios y en Cristo, no podemos desanimarnos. Por muy recios que sean los tiempos, por muy bajo que esté el nivel del poder moral y religioso, sigue en pie este hecho: Dios entregó a su propio hijo por nosotros. Y aunque no podamos encontrar otras personas que en su vida real reflejen la naturaleza de Dios, Jesús sigue siendo la redención para todos.

Este hecho histórico tiene que convertirse en la experiencia espiritual del presente. Significa que Dios, al darnos a Jesús, nos lo dio todo. El amor perfecto se hizo carne y esto significa que su amor se convertirá en vida y realidad en todas partes. Una vez que entendemos esto, ya no podemos perder la esperanza en el amor de Dios, ni cuestionar su intervención en nuestro favor. Sin embargo, maltratamos y menospreciamos la certeza de este amor, si lo aceptamos sin destruir al mismo tiempo nuestra vanidad y obstinación. El hundimiento del orgullo nacional, la autoacusación, el sentimiento de culpa, la desintegración de los valores culturales en el Estado y la iglesia, y la evidencia de que es imposible producir con poderes puramente humanos las condiciones de paz y justicia que anhelamos: todas estas experiencias nos llevan al convencimiento de que necesitamos la gracia.

La gracia es un don soberano; no podemos hacer nada para adquirirla. Ese estado interior, en que parece que todo se derrumba, es la preparación que necesitamos para recibir a Cristo. Solo cuando todos nos acusan, solo cuando nos condenamos a nosotros mismos de la manera más severa, solo entonces estamos interiormente disponibles para el mensaje de salvación.

El poder invencible de los primeros cristianos brotó del hecho de que creían en la presencia del mismo Cristo que había ascendido al Padre. También nosotros podemos creer, en los poderes de la muerte de Jesús y en la fuerza de su resurrección, solo cuando experimentamos la presencia inmediata de Cristo.

Los primeros cristianos vivieron por la promesa del resucitado: «les aseguro que estaré con ustedes siempre, hasta el fin del mundo». Todos sus encuentros estaban impregnados de la certeza de esta fe; ellos creían en su presencia personal y la experimentaban con tanta fuerza que vivían totalmente bajo su influencia. La conciencia de la presencia de Jesús era el secreto de su fuerza. Ellos experimentaron al resucitado como el Espíritu presente entre ellos. Gracias a él fueron liberados de toda esclavitud y por medio de él fueron liberados para usar todos sus dones y capacidades humanos.

También a nosotros, la fe en el resucitado y en su Espíritu debe llevarnos a una nueva actitud en la vida cotidiana. La fe desata los poderes espirituales que actúan en Cristo. El Señor es Espíritu y moldea nuestra vida conforme a su imagen. Cómo vivimos en realidad, cómo ponemos en práctica el amor, no depende de la convicción moral, sino de la fe. Todo depende de si conocemos a Cristo resucitado y si tenemos su Espíritu. No sirve de nada que anhelemos que Cristo aparezca desde el cielo. La única manera de experimentar verdaderamente su presencia es saber y sentir en nuestro corazón que Cristo, a quien Dios resucitó de entre los muertos, ha venido hasta nosotros como la Palabra viva.

— *Ensayo, 1919*

El llamado al arrepentimiento, realizado por los profetas y por Juan el Bautista, es este: ¡Dejen que sus corazones sean cambiados, porque están reservadas para ustedes grandes cosas! El movimiento del que habla Juan es el amor, el movimiento del corazón de Dios. Si nuestros corazones no cambian, seguirán siendo fríos. Y cuando nuestros corazones son fríos, pensamos y hablamos sobre nuestra debilidad personal y la de otros, porque nuestros corazones no han sido impactados por el amor más grande de todos. Dios es amor. Cuando nosotros vivimos en su amor, somos liberados de todos los pensamientos insignificantes.

— *Charla, julio de 1933*

La Palabra viva

Sin el llamado de Dios, nadie puede proclamar la palabra, porque el evangelio es poder vivo, no letra muerta. Pues el Nuevo Testamento dado por el Espíritu Santo no fue escrito con tinta sobre papel, sino por el dedo de Dios en nuestros corazones. Los escribas, cuyos corazones no están llenos de Dios, pueden predicar la palabra impresa como siervos del Antiguo Testamento, pero nunca como siervos del Espíritu. Todo depende de su vocación, porque si Dios no los ha llamado, ellos no pueden proclamar el significado de la Escritura. Aunque su interpretación sea verdadera, su enseñanza será vana si Dios no está en ella.

Dios no habla a aquellos a quienes no ha llamado. Esas personas han madrugado demasiado; el sol aún no ha salido para ellas. Han empezado a caminar de noche. Han salido sin ser enviadas. Como no tienen luz, trillan paja vacía y con su espada dan golpes al aire. Dios no las ha enviado. Dios nos las ha llamado. Entonces tampoco pueden ser testigos de Dios. Por ello su discurso no es incisivo, no tiene poder ni espíritu, y no causa ninguna impresión; sus palabras no dan el fruto de vida.

Hay una diferencia grande y poderosa entre el servicio a la letra y el servicio al Espíritu. Ambos se excluyen mutuamente. Los que sirven a la letra leen en la Escritura solo lo que está contenido en la palabra escrita. Se sientan en la cátedra de Moisés. No proclaman la Escritura, sino las palabras que la contienen.

Los que sirven al Espíritu hacen algo completamente distinto. Sirven a los Evangelios proclamando el Espíritu Santo, que siembra, planta e inscribe a Cristo en el corazón de la gente. Hablan por inspiración del Espíritu Santo; son nombrados por la autoridad del Espíritu Santo. No hablan con sus propias fuerzas, sino como la boca de Dios. Dios solo da su luz a través de personas que están encendidos por el Espíritu Santo.

Los siervos del Espíritu deben ser nombrados por el Espíritu. Deben ser elegidos, llamados y enviados por el Espíritu Santo, e igualmente, por supuesto, por un pueblo lleno de este Espíritu. Son enviados a la cosecha por Dios mismo y por su iglesia. Cristo mismo fue enviado y ungido por este Espíritu. Los apóstoles no pudieron salir como siervos de la palabra hasta que no fueron revestidos con poder de lo alto, por la Palabra viva proclamada a través de la Biblia viva. Esta es la razón por la que sus palabras tienen tanta fuerza, tanta claridad y tanto poder. Esta es la razón por la que sus dichos cortan como un cuchillo, atravesando el corazón y penetrando hasta la médula.

Predicar a Cristo y proclamar su evangelio significa impartir el Espíritu Santo: plantar en el corazón de la gente la palabra y hacer que despierten a un nuevo nacimiento por el Espíritu Santo. Significa representar al Espíritu de tal manera que los enemigos de Dios queden fuera de sí por causa de él. De la misma manera que los apóstoles hicieron frente a esta resistencia, así deberían todos los demás siervos del Espíritu hacer frente a la misma resistencia. Porque Dios no cambia; Dios no ha crecido ni ha menguado desde el tiempo de los apóstoles.

Por tanto, cada uno de nosotros debería examinar su llamado y ver si es siervo del Espíritu o de la letra fría y muerta. Cada uno de nosotros tiene que preguntarse si el Espíritu Santo lo acompaña en su servicio y si su predicación da fruto, o si está vacía, como sucede con todos los que sirven a la letra.

Cristo envía a los suyos como el Padre lo envió a él: para dar fruto. Él los arma con la misma autoridad con la que él está armado y dice de ellos: «les aseguro que el que cree en mí las obras que yo hago también él las hará, y aun las hará mayores». Aquellos cuya palabra no está impregnada con el poder de Cristo deberían, pues, saber que no han sido llamados como siervos del Espíritu o de la Palabra viva. Deberían saber que se han introducido sigilosamente entre las ovejas como ladrones y asesinos. Son como el que lleva agua al Rin (que ya tiene bastante agua) y hace caso omiso de las necesidades de los sedientos.

Solo los que son de Dios transmiten la palabra de Dios. De la misma manera, solo los que son de Dios escuchan la palabra de Dios. Y Dios habla a los hijos de su Espíritu con un lenguaje especial. Solo ellos comprenden a Dios, y si otros se acercan para escuchar, no entienden nada. Porque el secreto de su lenguaje es el amor, no el amor que proviene de los seres humanos, sino el que proviene de Dios. Jesús no permitió a Pedro cuidar del rebaño hasta que no le preguntó si lo amaba y hasta que no recibió el Espíritu Santo.

Los apóstoles esperaron este amor de la misma manera que habían esperado el Espíritu. No se atrevieron a predicar una palabra, hasta que lo recibieron. Sabían que sin este amor, el Espíritu Santo no los acompañaría en su travesía. Con él, sabrían qué hacer y adónde ir.

Los que se dejan guiar por el amor esperarán en Dios en todo momento. No es suficiente con que esperen el llamado de Dios en ciertos momentos. No, tienen que convertirse en la boca, la mano y el instrumento de Dios en todos y cada uno de los días de su vida. Tienen que ser protegidos de manera que no entiendan o hablen según sus propias fuerzas, sino que actúen y digan todas las cosas en Dios. No tienen que hablar hasta que Dios les indique lo que deben decir, ni tienen que hablar cuando es demasiado tarde, cuando Dios ya los ha dejado.

— Discurso, septiembre de 1933

Nosotros creemos que todo ser humano anhela la verdadera justicia, el verdadero amor y la unidad. Por tanto, la puerta abierta de la comunidad está abierta a todos. Al mismo tiempo comprendemos que no toda persona está preparada para la vida en comunidad en cada etapa de su vida. No se puede esperar que todos sean capaces de aceptarlo en todo momento. Por ejemplo, yo no puedo plantarme en la *Leipzigerstrasse* de Berlín y ponerme a gritar: «¡Vengan, vengan todos ustedes, vengan a vivir en el *Bruderhof*!». No es la cobardía la que nos impide hacer esto. Sería una locura; muchos ni siquiera estarían en condiciones de comprender semejante llamado. No estarían suficientemente maduros en su desarrollo interior para seguirlo. Dios debe llamarlos primero. No tengo derecho a llamar a nadie a menos que el mismo Espíritu ya haya llamado a esa persona.

— Charla, octubre de 1933

No puede haber victoria del Espíritu mientras las personas se consideren sanadoras de la enfermedad. El Espíritu Santo no tiene nada que ver con la magia. Hasta que desaparezcan todas las pretensiones humanas, el Espíritu de Jesucristo no se mostrará como el Espíritu que sana las enfermedades, expulsa los demonios y vence a la muerte. Hasta que no renunciemos a nuestra obstinación, Dios no puede vencer sobre los demonios...

Cristo se revela a sí mismo solo a los que ya no buscan su propio honor y su grandeza. Él busca esa iglesia en la que la gente no tiene importancia, en la que sus miembros se han vuelto como niños y mendigos. Él se revela a sí mismo solo a la iglesia que vive sin hipocresía y sin ningún espectáculo religioso. Pero allí, donde la gente se dirige a él para todo, los demonios y las tinieblas se rendirán.

— Charla, junio de 1935

10

La iglesia desciende a nosotros

Arnold siempre enfatizó la Gemeinde *(la congregación viva de los creyentes) sobre la* Kirche *(la iglesia como institución o jerarquía). Él creía que la verdadera iglesia trasciende el tiempo y el espacio y une a todos los que invocan a Dios y reciben su Espíritu. Así, la iglesia es una realidad pasada, presente y futura, y vive tanto en la tierra como en el cielo. Para él el punto culminante del año litúrgico era Pentecostés: la celebración del derramamiento del Espíritu Santo como la fundación de la «iglesia viviente».*

El siguiente discurso, que es una respuesta a una carta de su amigo Leonhard Ragaz, un socialista religioso suizo, aborda esos temas. Ragaz preguntó si la comunidad de Arnold, el Bruderhof, *se consideraba a sí misma «la» iglesia, y no una más entre los muchos miembros de la «familia de Cristo». Ragaz admitía que la cuestión era delicada: «Si se les concediera una cosa tan grande, ¿no deberías tratarla con la mayor reserva, como un milagro que podría fácilmente desvanecerse, algo de lo que no son dignos, como ninguno de nosotros?».*

Arnold consideró atentamente la pregunta de Ragaz y dedicó tres sesiones a este tema; la selección siguiente resume estos debates.

Es de suma importancia que recordemos la misión de la iglesia, tal como se nos encomendó en el derramamiento del Espíritu Santo. Si alguien nos pregunta si nosotros, unas pocas personas débiles y necesitadas que vivimos en comunidad, somos «la» iglesia, tenemos que decir: «No, no lo somos». Como todos los seres humanos, sin embargo, somos receptores del amor de Dios. Y como todos los demás —o quizá más— somos indignos e incapaces de realizar la obra del Espíritu Santo, para la edificación de la iglesia, y para su misión en el mundo.

Pero si alguien pregunta: «¿Desciende la iglesia de Dios a ustedes?», entonces tenemos que responder: «Sí». Porque la iglesia desciende allí, donde la única voluntad de los creyentes reunidos es la llegada del reino de Dios y la revelación de la iglesia de Jesucristo. La iglesia está allí donde está el Espíritu Santo.

Por supuesto, tenemos que invocar a Dios si queremos recibir el Espíritu Santo; la fuerza de voluntad no basta por sí sola, porque permanece arraigada en lo que es humano. Solo el Espíritu Santo tiene el poder de traer la iglesia hasta nosotros.

No obstante, hay otra condición que se debe cumplir: tenemos que estar de acuerdo en el único objeto de nuestra súplica, porque solo cuando estamos unidos en nuestra voluntad para pedir, lo imposible se hace posible. A menos que hagamos nuestra oración como un solo cuerpo, no habrá derramamiento del Espíritu Santo. Sin el derramamiento del Espíritu Santo la iglesia no será establecida y edificada. Sin la actuación del Espíritu Santo no hay comunión perfecta ni cuerpo vivo de Jesucristo.

Los discípulos a los que Jesús dijo que esperaran la llegada del Espíritu Santo permanecieron juntos durante varios días, unidos en su expectativa de Dios y su poder. Y cuando se cumplió el tiempo el Espíritu Santo irrumpió sobre ellos desde lo alto, como un viento del cielo, como llamas de fuego sobre sus cabezas. Ellos recibieron los dones del Espíritu Santo y los poderes del reino venidero. Estaban unidos en la enseñanza, en el partimiento del pan y en la comunión de mesa. Estaban unidos en oración y en el compartir de todos sus bienes. De esta manera la iglesia comenzó a existir y de esta manera la iglesia nacerá de nuevo una y otra vez.

Pero donde las personas no se someten a la actuación del Espíritu Santo —y donde no hay una plena comunión de trabajo y de bienes, ni completa unidad y congruencia en la fe y la acción—, allí no podemos decir que haya iglesia.

El Espíritu de Dios obra en todas partes y en todas las personas. Dios lo ve, aunque a menudo está oculto a nuestros ojos. Por esta razón no podemos atrevernos a decir dónde está obrando el Espíritu Santo. Solo Dios puede juzgar de esta manera. Igualmente, hay obras, hechos, frutos, resultados y efectos de la unidad del Espíritu que claramente se puede reconocer que provienen del Espíritu Santo. Sobre estas cosas no podemos permanecer en silencio. Donde es imposible afirmar que determinados hechos son frutos del Espíritu Santo, no deberíamos hablar de la iglesia. Pero donde la actuación del Espíritu Santo es clara, por causa del honor de Dios tenemos que decir: no han sido los seres humanos los que han hecho esto; ha sido Dios quien lo ha hecho. No hay otra explicación. Esto es la iglesia.

Nosotros confesamos, con toda sencillez, que no podemos vivir unidos ni un solo día, si el Espíritu Santo no se nos da continuamente. No podemos estar de acuerdo en nada, hasta que Jesucristo nos sea revelado, hasta que permitamos a Dios obrar en nosotros y entre nosotros. Y Dios obra solo cuando ponemos aparte nuestras propias obras. De esta manera el misterio de la iglesia está profundamente relacionado con el misterio del reino de Dios, porque cuando Dios reina, las obras de los seres humanos se detendrán.

Resulta claro que la señal de la iglesia de Dios es la realización de obras humanas. Esto es particularmente significativo hoy en día, cuando nos encontramos ante el derrumbe del Estado y la sociedad, cuando el amor cada vez se enfría más y aumentan la enemistad y el odio. Más que en ningún otro momento tenemos que reconocer que la iglesia de Jesucristo es Dios que actúa ahora. Y por ello tenemos que reunirnos para invocar a Dios, a pesar de nuestra pequeñez, nuestra indignidad e insuficiencia. Tenemos que presentarnos delante de Dios y pedirle que derrame sobre nosotros lo que no tenemos, que haga entre nosotros lo que nosotros no podemos hacer. Tenemos que pedir el Espíritu Santo de modo que podamos vivir como testigos ante todo el mundo, de modo que podamos llegar a ser uno, como el Padre y el Hijo son uno.

— *Discurso, marzo de 1933*

Hardy, el hijo mayor de Arnold, contó un episodio que ilustra la insistencia de su padre en la obra de Jesús como realidad opuesta a la obra de los seres humanos. Tuvo lugar en 1933, poco antes de la llegada de Hitler al poder. Hardy estaba estudiando en Tubinga y había dispuesto todo para que su padre pronunciara una conferencia en la sede de la Unión de Estudiantes Cristianos. Quería tener la seguridad de que asistiría un público numeroso y para ello llenó el campus de la universidad con carteles que anunciaban una conferencia, por Eberhard Arnold, «sobre el Bruderhof». *Pero su padre se sintió indignado y dijo a sus oyentes que no había venido para hablar sobre el* Bruderhof, *sino sobre Jesús y lo que su vida significaba en aquella hora tan dramática.*

Jesús —el Jesús deformado por todas las «interpretaciones» teológicas— es prácticamente desconocido en nuestros días. Ya es hora de que sea comprendido o al menos tomado en serio. Sin rechazar las enseñanzas de Pablo, la iglesia que lleva el nombre de Jesús tiene que volverse de nuevo hacia Jesús, como hizo en tiempos del cristianismo primitivo, de los valdenses y de la Reforma radical. La iglesia debe, después de tanto tiempo, empezar de nuevo a vivir según los cuatro Evangelios. La vida de la comunidad cristiana solo puede modelar su existencia según las palabras y la vida de Jesús. No hay ninguna otra persona a la que pueda seguir.

— *Ensayo, 1934*

Ni las alturas de la oratoria ni el entusiasmo ardiente pudieron convertir a Cristo a los miles de personas que participaron en la vida unida de la iglesia primitiva. Los amigos de Jesús lo sabían muy bien. ¿Acaso el mismo

resucitado no les ordenó que esperaran en Jerusalén a
que se cumpliera la gran promesa? Juan había bautizado con agua a todos los que lo escuchaban. Pero la
primera iglesia tenía que sumergirse en el viento santo
del Espíritu de Cristo.

— Ensayo, 1920

En Pentecostés, hubo tal unanimidad entre los apóstoles y los que estaban con ellos, que cada uno de los
presentes les oía hablar en su propia lengua. La muche-
dumbre que escuchaba se sintió movida por el mismo
Espíritu que había llenado de poder a los que hablaban.
Esto no fue fruto de la hipnosis ni de la capacidad de
persuasión humana; más bien, las personas permitie-
ron que Dios actuara en ellas. Fueron llenas del Espíritu
de Dios. Y en aquel mismo momento la única y verdadera alma colectiva tomó forma y figura: había nacido
la unidad orgánica del misterioso cuerpo de Cristo, la
iglesia comunidad.

— Ensayo, 1920

Unidad

*Para comprender a Arnold es vital entender su concepción
de la unidad: la unidad era el sello de la iglesia y la única
base para la fraternidad cristiana. Ya en 1913, siete años
antes de comenzar a vivir en comunidad, se había preo-
cupado por este tema.*

La iglesia *es* unidad: unidad indivisible de corazón
y mente en el Espíritu Santo. Allí donde este Espíritu

revela la voluntad de Dios, allí está la iglesia. Allí donde el Espíritu hace a Cristo tan próximo que se cumple su palabra, allí está la iglesia. Esta se revela en la reunión en unidad de aquellos para los que Cristo ha venido. Es un don de su Espíritu. La fe en el Espíritu Santo debe ser activa como la fe en la comunidad de creyentes, y la comunidad puede nacer solo allí donde Cristo llega a cada uno por medio de su Espíritu, tocando y llenando lo más íntimo del corazón.

A menos que nos hayamos rendido completamente al espíritu de unidad, causaremos división, porque nosotros mismos somos personas emocionales y divididas. La separación causada por la vida privada y la propiedad privada —la obstinación desprovista de amor— esta es la esencia y la naturaleza del pecado. Dios quiere la unidad y la comunidad. La justicia de Dios es el amor que congrega y une.

— *Ensayo, 1913*

Solo si tenemos corazones dispuestos y sinceros encontraremos la unanimidad en nuestras convicciones. Nunca nos ha resultado molesto que hayan venido hasta nosotros personas que tienen convicciones diferentes a las nuestras. Por el contrario, esto es más provechoso que si no tuviéramos la oportunidad de escuchar ideas contrarias. Todos aportarán del depósito de sus convicciones anteriores aquellos elementos que son verdaderos y los encontrarán de nuevo. Cuanto más variados sean nuestros diferentes trasfondos, más ricos serán los frutos de esta diversidad. Pero nunca se puede producir una unidad de convicción forzando a todos a acatar lo establecido. Solo la persuasión interior del Espíritu Santo puede llevar a las personas a la verdadera unidad.

— *Discurso, 2 de mayo de 1933*

Lo que todos hemos estado buscando es una vida en la que el afecto fraternal sea voluntario, donde no haya una tentativa artificial de hacer a las personas iguales, sino donde todos valgan lo mismo y sean, por tanto, libres para ser muy diferentes. Cuanto más original sea un individuo, mejor. Cuanto mayores sean las diferencias entre las personas, más cerca pueden llegar a estar entre sí interiormente. Nosotros afirmamos la personalidad individual: cada persona, adulto o niño, es único. Pero esta singularidad, llevada a las últimas profundidades, tiene que conducirnos hasta la iglesia. Si todos nosotros descendemos a las profundidades, todos estaremos unidos. Cuanto más originales y auténticos seamos, con mayor plenitud todos seremos uno.

— *Discurso, julio de 1935*

Nosotros no estamos satisfechos con la unanimidad intelectual. No es suficiente con establecer una meta común y usar toda nuestra fuerza de voluntad para alcanzarla; tampoco basta con vibrar juntos en una experiencia emocional. Tiene que invadirnos algo muy diferente, algo que pueda elevarnos por encima de un nivel puramente humano.

— *Discurso, marzo de 1932*

Unidad significa mucho más que la mera buena voluntad mutua. No tiene nada que ver con las relaciones subjetivas de las personas. Más bien, tiene relación con algo mucho más profundo. El espíritu de unidad es algo extremadamente sobrio por ser algo extremadamente objetivo. Ni siquiera la pura racionalidad nos ayudará. La racionalidad es un gran don, pero no puede llevar a la unanimidad y solidaridad objetivas.

Aun cuando una cosa no sea completamente comprendida con la inteligencia, todavía es posible alcanzar la unidad de reconocimiento, incluso en las cuestiones más difíciles. Es por medio de la intuición interior como llegamos a ver una situación como Dios la ve. Y la intuición interior solo puede comunicarla el Espíritu Santo. Solo puede tener lugar a través del Espíritu que todo lo ve, el Espíritu que percibe todas las cosas, incluso aquellas que la inteligencia no comprende.

No es suficiente que todos se pongan de acuerdo para hacer un esfuerzo de voluntad. Tampoco basta con que todos tengan la voluntad interior necesaria. Nosotros queremos estar de acuerdo de verdad; que nadie dude de esta voluntad. Pero la voluntad no es suficiente. Nosotros no podemos llegar a la unidad por un mero esfuerzo de la voluntad humana. Una voluntad diferente tiene que triunfar sobre nuestra voluntad. La voluntad de Dios tiene que revelarse.

— *Charla, marzo de 1933*

Arnold insistió en que la vida compartida en comunidad era la única respuesta a todos los problemas sociales, políticos y económicos, pero nunca se aferró a su comunidad como prototipo de esa vida. Las selecciones siguientes, procedentes de cartas escritas a comunidades vecinas, muestran el deseo de toda su vida de caminar junto a otros.

La maldición antiquísima de la cristiandad es la de separarse por diferencias personales, la de dividirse por ambición, sectarismo y falta de confianza. En lugar de esto deberíamos unirnos. Nosotros no queremos poner nuestra comunidad o nuestro grupo en el centro. De hecho, tenemos que dejar Sannerz, porque nuestra obra está creciendo. Por ello, hoy les pedimos que nos movamos juntos, que pongamos todas nuestras propiedades en común, y nos unamos y seamos unánimes en todas las cosas. Naturalmente, esta unidad va a requerir una lucha santa y seria.

— *Carta a los dirigentes de Neu Sonnefeld, 1925*

Nos sentimos urgidos a decir de nuevo: sabemos que estamos unidos con todos ustedes en una relación duradera e imperecedera de fraternidad. Nos percatamos de que decir esto significa ayudarnos unos a otros con absoluta fidelidad a la tarea de toda la vida que se nos ha encomendado. Nuestra relación de hermandad tiene que encontrar, a partir de ahora, su expresión más fuerte en el constante servicio mutuo; por ello, nuestro hogar en Sannerz está ahora a su disposición. Estamos seguros de que gracias a nuestra comunidad diaria de vida, trabajo y bienes, encontrarán una segunda casa, y que nuestra comunidad se verá alentada y purificada por la misión encomendada a ustedes. Siempre van a encontrar nuestra puerta abierta y nuestras manos dispuestas a recibir de ustedes y trabajar por ustedes. Por encima de todo, nuestros corazones están abiertos a ustedes y queremos escuchar lo que se nos dice a través de ustedes.

— *Carta a un grupo de Wiesbaden, 1927*

11

Iglesia y Estado

La nueva encarnación

En esta charla de 1934 Arnold se dirige a dos visitantes de Inglaterra, y compara la iglesia, como embajada de Dios en la tierra, con la Embajada británica en Berlín.

El nacimiento de Jesús muestra cómo tienen lugar todos y cada uno de los nuevos nacimientos del espíritu. La palabra vino a María, ella creyó, recibió la palabra, el Espíritu que da vida. Y porque tuvo fe, la palabra viva se encarnó y se formó en ella.

También hoy la Palabra viva quiere tomar forma. También hoy la Palabra viva quiere encarnarse. También hoy el Cristo eterno quiere tener un cuerpo. Por esta razón el Espíritu Santo sigue siendo enviado desde el trono del Padre: a fin de que Cristo, encarnado primero como hombre, pueda ahora nacer como la iglesia.

La Palabra viva, que es el Cristo eterno, se hizo cuerpo en el hijo de María. Y la Palabra eterna y viva —Cristo— se hace cuerpo de nuevo en la iglesia. Por ello Pablo dice que se le ha confiado un misterio, que él llama «el misterio del cuerpo de Cristo». El hecho de que la iglesia es el cuerpo de Cristo significa que Cristo recibe un cuerpo, una forma o figura, y se hace visible y real en el mundo. De otra manera la palabra «cuerpo» carece de significado. Y cuando los teólogos dicen que lo que aquí se quiere expresar es el «Cristo invisible», están sencillamente demostrando los desatinos que solo ellos son capaces de formular. Los apóstoles no creían en fantasmas. Ellos hablaban o del Espíritu, que es completamente invisible, o del cuerpo, que es completamente visible.

Pablo describe después cómo todo esto se hace visible en la iglesia. Él habla del «misterio» del cuerpo de Cristo, «que es Cristo en ustedes», y luego habla de la expectación de la venida futura de Cristo, la «esperanza de gloria».

Estas palabras están tan gastadas que ya no nos dicen nada. Tenemos que traducirlas al lenguaje de nuestros días. En el Nuevo Testamento, «esperanza» significa la expectación, la seguridad de un orden completamente nuevo. «Gloria» significa la majestad de Cristo en su trono. Esta es la gloria: que Dios reina ahora sobre todas las cosas y que Cristo reina sobre todas las cosas, que todos los problemas políticos, sociales, educativos y humanos se resuelven de una manera concreta por el reinado de Cristo. Esto es la gloria.

Son muy pocas las personas que en nuestros días captan este realismo de los primeros cristianos. Y es justamente en este sentido tan realista que la Palabra, que es Cristo, quiere encontrar un cuerpo en la iglesia. Las meras palabras sobre el reino futuro de Dios se desvanecen en los oídos de la gente. Por este motivo se necesita la acción. Algo tiene que establecerse, crearse y formarse de manera que nadie pueda ignorarlo. Esto es la encarnación, la corporeidad.

«Cristo en ustedes» es la primera parte de este misterio. Como Cristo estuvo en María, así Cristo está en nosotros, los que creemos y amamos. Así vivimos de acuerdo con el futuro; el carácter de nuestra conducta es el carácter del futuro de Dios. Esto no es moralismo o legalismo; es una realidad muy natural y sencilla. Tiene lugar ahora, a través de Cristo en la iglesia. El reino futuro toma una forma física en la iglesia.

Justamente por esta razón la iglesia debe demostrar una paz perfecta y una justicia perfecta. Por ello no puede derramar sangre ni tolerar la propiedad privada. Por ello no puede mentir ni prestar juramento. Por ello no puede tolerar la destrucción de la pureza nupcial y la fidelidad en el matrimonio. Por ello tiene que liberarse también de las acciones por las que personas individuales se hacen grandes. Ninguno de nosotros debe pensar que es un segundo, tercer o cuarto Cristo. La iglesia como cuerpo, y no el individuo dentro de la iglesia, es la encarnación de Cristo.

Todo en esta iglesia debería estar de acuerdo con la simplicidad de Jesús. También la pobreza pertenece a esta encarnación: debido a que nosotros, que somos representantes de la iglesia, somos llamados a servir a todo el mundo, y debido a que hay tanta necesidad en el mundo, debemos vivir con tanta sencillez como sea posible, a fin de ayudar al mayor número posible de personas. Pero es un error mezclar esta tarea específica de la iglesia con los asuntos públicos. Pablo muestra claramente que la única tarea de la iglesia consiste en ser la encarnación de Cristo, proyectado entre las naciones.

No es tarea de este cuerpo de Cristo lograr una voz política. Según la verdad apostólica no existe tal cosa como un Estado cristiano. Una iglesia cristiana no lucha por los intereses del Estado. Pero tampoco lucha contra los intereses del Estado. No existe lo que se podría llamar una política cristiana en la Liga de Naciones. Ningún jefe de Estado puede empuñar la espada en nombre de Cristo. Ninguna iglesia puede decir que está de acuerdo con esto. Ni tampoco una Liga de Naciones puede armar y organizar una fuerza policial punitiva en nombre de Cristo.

Un cristiano no participa activamente en política. El apóstol Pablo dice que somos embajadores del reino de Dios. Y el reino de Dios no está representado por ningún Estado de este mundo, sino por la iglesia. Esto significa que no deberíamos hacer nada más que lo que Dios mismo haría por su reino. Al igual que el embajador británico en Berlín no hace nada más que la voluntad de sus superiores en Londres, así también nosotros, solo debemos hacer la voluntad de Dios. Ya no estamos sujetos a las leyes de este mundo; el territorio de nuestra embajada es inviolable, igual que en la residencia de un embajador, solo son válidas las leyes del país al que representa el embajador. La voluntad de Dios es unir y, por tanto, nuestra tarea es reconciliar y unir. Nosotros no tenemos otra misión en este mundo.

Cuando asumimos en nosotros esta misión, corremos un peligro mortal. Porque cualquiera que emprende el camino de Cristo transita por el camino de la cruz; el mundo, el Estado y la sociedad no están dispuestos a seguir este llamado. Sin embargo, en lo profundo de cada corazón humano, existe la certeza de que su camino es el camino de la verdad, y esto nos da valor para hablar. No hay mayor audacia que la de la fe. No hay mayor valentía que la del amor.

— Discurso, agosto de 1934

Iglesia y Estado

Desde el momento en que Adolf Hitler fue nombrado canciller del Reich, Arnold expresó una grave preocupación por el futuro de Alemania. Pero su creencia en el mal último del Estado surgió mucho antes del ascenso de los nazis al poder; de hecho, hacía ya dos décadas —es decir, después de la primera guerra mundial— que había llegado a ese convencimiento. El siguiente discurso fue pronunciado en Liechtenstein en 1934. A pesar de la relativa ventaja de este lugar, la audacia de Arnold es notable; él seguía siendo un ciudadano alemán, y ya había empezado la serie de asesinatos y «suicidios» entre radicales y no conformistas en el país.

Ninguna monarquía absoluta en el pasado ha logrado nunca la centralización que se observa actualmente en nuestro Estado fascista y en el bolchevismo. Al igual que se piensa que el monarca representa a todo el Estado, así también el centralismo actual —como en el caso de Mussolini y Hitler— combina todo en una sola persona. Es una situación como la de Roma con los emperadores.

Sin embargo, ningún emperador pretendió jamás la clase de autodivinización que estos hombres hoy pretenden para sí mismos. Los romanos erigieron pequeños altares de incienso para Nerón y otros emperadores, altares en los que se ofrecía incienso como testimonio del significado religioso de un imperio unificado. Pero el sacrificio se ofrecía al «genio» del emperador, y no al emperador personalmente. Ni Nerón ni ningún otro emperador consiguieron nunca que los romanos gritaran «¡Heil Nerón!» desde cualquier esquina.

El dictador de nuestros días se ha visto tan completamente abandonado por lo que es espiritual que ni siquiera cree en el genio de su dictadura, sino únicamente en su pequeña persona. Por ello, la idolatría se ha embrutecido de la manera más vulgar. Lo que la gente adora actualmente es el tono de voz, el cabello y la nariz del dictador. La persona humana se ha convertido en un ídolo. Lo que el dictador dice se hace. Se prohíbe pensar.

El fascismo moderno es un fenómeno que me hace sentir como si estuviera llorando de día y de noche. Goebbels dice: «Si nosotros tenemos razón, entonces implica que nadie más tiene razón. Para nosotros no hay más justicia que el egoísmo». Así que en realidad no hay justicia. Se elimina la justicia objetiva y reina la estupidez. Resulta devastador que esto suceda en el siglo xx. No creo que un espíritu tan destructivo alguna vez prevaleció entre las primeras tribus germánicas. Sus líderes estaban sujetos a la decisión de la asamblea del consejo, y al concepto de justicia para la tribu en su conjunto. Pero lo que tenemos hoy es el egoísmo y la presunción por encima de toda ley y de todo pensamiento. ¿Quién sigue creyendo en el progreso actualmente?

¿Qué poder se opone a esta fuerza? ¿Qué está haciendo la monarquía parlamentaria inglesa? ¿Qué están haciendo los otros estados con grandes tradiciones espirituales? ¿Dónde están las iglesias, con sus teólogos y filósofos? Se han producido ataques al palacio episcopal. Algunos sacerdotes católicos han sido arrestados y llevados a campos de concentración. Dos de los sacerdotes más destacados han sido asesinados. Y, sin embargo, nada de esto impide que el papa siga teniendo tratos con Hitler una y otra vez.

Los evangélicos están presididos por un clérigo caracterizado por una ignorancia sin precedentes en miles de años. La Iglesia Reformada de Zuinglio y Calvino ha dado pruebas de mayor capacidad de resistencia que la Iglesia Luterana; los grupos protestantes ortodoxos se han irritado un poco, con más vigor en Rhineland y en Württemberg, donde el pietismo y la experiencia personal de salvación han sido más fuertes. Pero parece que las iglesias establecidas, una tras otra, están sucumbiendo ante la violencia brutal y el vil engaño.

Los sínodos de la Iglesia Confesante han dado la voz de alarma: «¡Que nadie se retire de la iglesia!». Pero esto frena cualquier intento de iniciativa. Porque si la iglesia establecida es impía —si está gobernada por demonios y por la idolatría—, es inútil decir: «Protestamos, pero permanecemos en la iglesia». La razón de esta débil actitud es clara. Incluso los grupos que protestan, en las iglesias católica y protestante, rinden un homenaje incondicional al Estado nacionalsocialista. Siguen pronunciando el saludo «Heil Hitler». Están dispuestos a participar activamente en funciones de gobierno. Entonces, ¿qué hay de bueno si algunas voces dentro de las iglesias protestan contra incidentes aislados que conllevan la supresión de la libertad de expresión, al asesinato brutal y toda clase de horrores, mientras al mismo tiempo apoyan la aplicación general de este sistema malvado?

El fracaso de las iglesias de la Reforma por no adoptar una postura radical, la del cristianismo primitivo, con respecto al Estado y la sociedad, está teniendo sus consecuencias. Estamos pagando aquí los pecados históricos de la guerra de los campesinos: la sumisión servil al gobierno de los príncipes y las atrocidades cometidas contra el popular movimiento anabautista. Se nos recuerda la manera en que el cristianismo en Inglaterra se vendió al Estado en tiempos de Oliver Cromwell y años después.

La causa de este error radica en una interpretación errónea de las palabras de Pablo en Romanos 13: «Todos deben someterse a las autoridades públicas». Las iglesias establecidas citan repetidamente los versículos 1-5 para defender sus intereses en el Estado. Estos versículos muestran cuál es la tarea del Estado: castigar el mal con la espada.

En contraste con esto, Pablo da la respuesta del amor, en los versículos 8-10. «El amor es el cumplimiento de la ley» y «No tengan deudas pendientes con nadie, a no ser la de amarse unos a otros». Pablo dice que el camino cristiano es diferente del camino del Estado.

No hay ningún Estado que no tenga una fuerza policial, encargada de mantener el orden con la espada. Esto es lo que Dios dispuso en un mundo no cristiano, a fin de que el mal no consiguiera dominar: no se puede permitir, por ejemplo, que quienes abusan de los niños actúen impunemente. No podemos ponernos en pie en

Londres y predicar: «¡Fuera todos los policías!». No podemos negar la necesidad del orden gubernamental para el mundo del mal.

Pero la iglesia cristiana está en una región diferente, la región del amor absoluto. Aquí no hay sistema policial. La iglesia sufrirá la muerte a manos del Estado, pero no participará en el mal. Por esta razón la iglesia no puede entregar a un criminal. Sencillamente no puede hacerlo.

Así pues, hay dos mundos. Uno es el mundo del mal; el otro es el mundo de la luz pura y el amor puro, que no tiene ninguna relación con la violencia.

Nuestro amor a Jesús nunca puede ser lo más importante. Es mucho más crucial que Dios y el reino de Dios prevalezcan entre nosotros de tal manera que seamos representantes de su causa, frente a todas las demás circunstancias, condiciones y relaciones. Como resultado, nos encontraremos en decidida oposición al mundo que nos rodea. Esto incluye la oposición al Estado, que tiene que defender la propiedad privada y que se mantiene por medio del uso de la fuerza y la violencia.

Nosotros respetamos el gobierno como realidad constituida por Dios. Pero estamos llamados a un orden social completamente diferente del Estado y del orden social presente. Esta es la razón por la que nos negamos a prestar juramento ante cualquier tribunal, por la que nos negamos a servir en cualquier Estado como soldados o policías, por la que nos negamos a servir en cualquier puesto importante de gobierno. Pues todos ellos están vinculados a los tribunales, la policía o las fuerzas armadas.

Nos oponemos abiertamente al orden social presente. Nosotros representamos un orden diferente, el de la iglesia comunitaria, tal como existió en Jerusalén después del derramamiento del Espíritu Santo. Allí la multitud de creyentes se volvió de un corazón y un alma. En el nivel social, su unanimidad era visible en la fraternidad perfecta. En el nivel económico, vivían en completa comunidad de bienes, libres de toda propiedad privada y de toda compulsión. Y nosotros estamos llamados a representar la misma vida en el mundo de hoy. Naturalmente, no podemos poner esta carga sobre otros, a no ser que estimen la grandeza del reino de Dios por encima de todo lo demás y estén seguros de que no hay otro camino a seguir.

— Charla, marzo de 1933

Los primeros cristianos esperaban que los seres humanos se vieran libres del sufrimiento, liberados de la injusticia, la guerra y el derramamiento de sangre. Esperaban la transformación de todas las realidades políticas y económicas, que daría como resultado nuevas relaciones de justicia y amor íntegros. Por ello es correcto, en cierta medida, comparar la expectativa socialista de un Estado futuro con la esperanza del cristianismo primitivo en el reino de Dios. Sin embargo, hay una diferencia importante: el ideal socialista surge de un concepto puramente económico de la historia. Esto contrasta abiertamente con la verdad básica del cristianismo, en la que el espíritu, como la mayor y suprema manifestación de la vida, reina sobre la materia.

Con todo, el mundo material no es extraño para Dios. Dios es un Dios de vida, y él abarca y ordena toda la vida incluso en sus formas primitivas y degeneradas. Esto incluye la materia. Solo el perverso idealismo de un falso cristianismo enseña que el mundo de la materia y los sentidos no es espiritual y, por tanto, tiene que ser despreciado. Solo los que no tienen amor, espíritu o poder tratan de apaciguar a la humanidad sufriente con promesas de vida en el más allá. Esta es la razón por la que los socialistas se rebelan en nombre del materialismo; se oponen al idealismo religioso porque reconocen las demandas éticas del espíritu dentro de la esfera material y tratan de cumplirlas dentro de esta esfera. Aun cuando dejan a un lado el espíritu, su interpretación materialista de la historia es mejor que una espiritualidad cristiana exagerada que simplemente acepta la injusticia del mundo tal como es.

Evidentemente, nunca se puede confundir la revolución socialista con un despertar espiritual. No hace falta siquiera mencionar las cloacas de la debilidad humana, los torbellinos de la ferocidad sanguinaria, el abismo sin fondo del egoísmo mezquino, y la sed demoníaca de poder presente en la ola socialista: todas estas cosas se encuentran también en personas que se llaman cristianas. No obstante, nadie puede negar que el ataque del socialismo contra el orden social presente es un desafío para nuestras conciencias, y nos recuerda, con más fuerza que cualquier sermón, que nuestra tarea es vivir protestando activamente contra todo lo que se opone a la voluntad de Dios. Nosotros, que nos llamamos cristianos, hemos hecho muy poco en este aspecto que debemos preguntarnos: ¿acaso somos realmente cristianos?

Una iglesia cristiana como tal no está llamada a abolir el orden estatal existente; el poder del Estado y su ordenamiento jurídico son instrumentos de Dios, necesarios para mantener a raya el asesinato y el odio, la mentira y el engaño, la injusticia y la impureza. Pero los cristianos comprometidos no pueden actuar sin discernimiento en sus relaciones con el Estado. Su conciencia se levantará contra todo gobierno que actúe como verdugo al servicio de los ricos, de la misma manera que protestará contra el egoísmo voraz del proletariado. Y en el conflicto entre la voluntad individual y la colectiva, entre la individualidad y la comunidad, los cristianos deben tomar partido por el espíritu social de la fraternidad y la comunidad.

Platón, Aristóteles y Hegel sostenían que la tarea del Estado era la de realizar la justicia y la virtud. Pero no pudieron ver que la fuerza y la violencia en última instancia van a fracasar. Y el Estado existe exclusivamente en la esfera de la fuerza. El socialismo, con su rigurosa organización de las masas y su disciplina estrictamente aplicada, es simplemente otra forma de militarismo totalitario. También el marxismo tiene que compensar la ausencia del Espíritu aplicando medidas coercitivas. Por consiguiente, la iglesia totalmente entregada no tiene nada que ver con estos poderes del Estado.

La iglesia representa solo una cosa: el poder del amor que todo lo sostiene. La tarea de la iglesia es ejercer su influencia en la vida política en favor de la paz y la justicia social, en favor del amor que todo lo abarca. Pero, para dominar el espíritu asesino de *mammona*, la iglesia debe invocar fuerzas espirituales mucho mayores que los ideales de la política económica. Tiene la sola y única esperanza por medio de la cual se puede lograr la unidad y la libertad entre los seres humanos: el único espíritu que es el Espíritu de Dios.

— *Ensayo, 1919*

12

Expectación

La fe de Arnold estaba en el futuro, pero vivió plenamente en el presente. Incluso después que el ascenso del nazismo forzó al Bruderhof *a enviar al extranjero a los niños y los jóvenes de la comunidad, él siguió adelante con planes para ampliar los edificios y las operaciones comerciales en el* Bruderhof *del Rhön en Alemania. Le gustaba citar a Martín Lutero: «Si supiera que el mundo iba a terminar mañana, todavía plantaría hoy mi manzano».*

La fe en Dios significa fe para el futuro. Los que viven en Dios no miran hacia atrás, sino hacia delante. Los que viven no miran atrás para contemplar el breve intervalo de su vida, ni tampoco el gran periodo del desarrollo religioso, a fin de encontrar una realización pasada de su anhelo presente. Miran hacia el futuro, hacia la meta, al destino de la humanidad tal como debería ser y como será.

Cuando ponemos nuestra mano en el arado de Dios, miramos hacia delante; nuestras vidas están dirigidas por el futuro. Pero si nos perdemos en la especulación histórica y quedamos ensimismados en nuestros ensueños, no somos aptos para el reino de Dios. Ciertamente, nuestra fe hoy está vinculada con la actuación de Dios en el pasado, porque Dios es el mismo ayer, hoy y siempre.

Pero un pietismo, que se sumerge en la Biblia solo para lograr una comprensión de la historia religiosa, resulta débil y pobre, porque se opone al Omnipotente, el Dios creador que todo lo abarca. No obstante, hay una meditación sobre la Escritura que puede elevarnos por encima de nuestro pequeño ego y nuestras insignificantes preocupaciones, una meditación que nos lleva hasta el corazón de Dios, de modo que ya podamos participar ahora en el universal reino de Dios.

Pero nuestra expectativa de este reino no puede ser una espera pasiva, una ocupación melosa y floja por nosotros mismos y por los amigos que piensan como nosotros. No; si de verdad esperamos el reino de Dios, Dios nos llenará con su poder. Entonces la justicia social del futuro, con su pureza de corazón y comunión divina, se realizará en el momento presente, allí donde Jesús mismo esté presente. ¡Nuestra creencia en el futuro debe producir cambio en el presente!

El espíritu de expectación es el espíritu de acción porque es el espíritu de fe. La fe es valentía. La fe es realidad. Si tenemos fe, aunque solo sea una pequeña semilla, no podemos pensar que haya algo imposible. Porque la fe es lo que nos da una clara imagen de los poderes últimos de la vida. Nos revela el corazón de Dios como el latido de toda la creación viviente, y nos muestra que el secreto de la vida es el amor.

Si vivimos en el amor, nunca podremos agotarnos en la introspección psíquica o en los convencionalismos estrechos. Si somos cautivados por las experiencias de fe y amor, por la esperanza en Cristo y su segunda venida, actuaremos. Porque el amor de Dios no tiene límites; se aplica tanto a la vida pública como al corazón del individuo, a los asuntos económicos igual que a los políticos.

Si esperamos en Dios, seremos purificados por la pureza de Aquel al que esperamos. No hay nada que eleve más la conciencia que esa expectación; ella elimina toda relatividad y vence la débil sumisión al *statu quo*. Nos capacita para vivir con tanta seguridad en el mundo futuro que nosotros, como heraldos suyos, nos atrevemos a asumir, aquí y ahora, el carácter firme e incondicional del reino.

Nuestra expectación del futuro debe significar la certeza de que la voluntad divina vencerá sobre lo demoníaco, de que el amor vencerá sobre el odio, de que la voluntad que todo lo abarca vencerá sobre lo aislado. Y la certeza no tolera limitación alguna. Dios lo abarca todo. Cuando confiamos en Dios para el futuro, confiaremos en él para el presente. Si tenemos una fe íntima en Dios, esta fe dará pruebas de ser válida en todas las áreas de la vida.

— Ensayo, 1920

Ha llegado el momento

En esta charla, Arnold exhorta a sus oyentes a hacer que sus vidas valgan la pena. En ella predice un despertar de las masas, que se extenderá mucho más allá de la esfera personal, para abarcar y transformar toda la sociedad, y reta a todos los que se llaman creyentes a hacer que esto suceda. Semejante despertar no se producirá sin lucha y sacrificio, pero cualquier cosa menor no sería digna del gran llamado de Dios.

Todos los diferentes movimientos de las últimas décadas convergerán un día en un despertar radical de las masas que llevará a la justicia social y a la unidad de Dios, es decir, a la iglesia, al reino de Dios, y a la comunidad en acción. Tenemos que establecer nuestro pequeño *Bruderhof* en medio de esta enorme tarea y sacrificarnos por ella. No tenemos que aferrarnos a un tiempo en que éramos —o todavía somos— un pequeño círculo de personas que se conocían unas a otras íntimamente, sino que más bien debemos estar preparados para ser consumidos en un poderoso derramamiento del Espíritu Santo, para fundirnos con él por completo.

Lo que ahora necesitamos es la misión. Misión significa alcanzar a los millones de personas que viven en las ciudades, a los cientos de miles que trabajan en los centros industriales, a las decenas de miles que viven en ciudades de tamaño mediano, a los miles que habitan en pequeños pueblos y a los cientos de personas de las aldeas: a todos a la vez. Como una erupción volcánica, una revolución espiritual tiene que extenderse por el país e incitar a las personas a tomar decisiones cruciales. La gente tiene que reconocer que no tiene sentido dividir la vida en varias esferas: política, economía, humanidades y religión. Tenemos que despertar a una vida en la que todas estas cosas estén completamente integradas.

Necesitamos encontrar una actitud de responsabilidad en los asuntos públicos, y esta actitud debe ser completamente práctica, completamente espiritual y totalmente creyente. Debemos lograr una comprensión interior y una visión amplia de cómo todas las cosas afectan unas a otras, y por medio de ello encontrar el camino correcto para la resolución de toda clase de problemas sociales. Con esta comprensión seremos capaces de trabajar con creatividad en la esfera económica. Haremos todas estas cosas con fe y esta fe encontrará su plenitud en el amor que crea comunidad en todas las cosas.

Así pues, tenemos que lograr una fe que no sucumba ante los males sociales, sino que los envuelva y transforme por completo; una fe que aborde los problemas económicos y los resuelva. Significa una fe que asuma todas las tareas internas y externas, y haga de ellas parte de nuestra vida diaria; una fe en el Dios que lo creó todo y provee para todo, y nada escapa a su voluntad.

El nuevo despertar, por tanto, tiene que ser tanto religioso como social, un despertar comunista centrado en Cristo, un despertar al reino de Dios, a la gracia como realidad. Esta es la única clase de despertar que merece la pena.

Pero hay que pagarlo con el dolor más amargo. El sufrimiento de Jesús, que él experimentó hasta el extremo por causa de esta alegría futura, será nuestro sufrimiento. Nosotros seremos perseguidos hasta la muerte con odio y desprecio por todos, en particular por las personas más religiosas, las más cultas y respetables. Nos difamarán y nos enviarán a los psiquiatras. Recurrirán a la policía y a las fuerzas armadas contra nosotros. Presentarán toda clase de pleitos contra nosotros en los tribunales. Iniciarán un boicot económico contra nosotros e intentarán expulsarnos del país privándonos de nuestros medios de vida. Finalmente aprobarán leyes especiales contra nosotros, como hicieron en otro tiempo con los socialistas y los jesuitas.

Cuando el movimiento haya alcanzado su mejor momento, será tan peligroso que el capitalismo se sentirá amenazado por él. Los ricos terratenientes lo verán como una amenaza para su posición y el Estado verá su existencia puesta en peligro, porque ¿dónde obtendrá el Estado sus ingresos si sus miembros viven sin ninguna propiedad? Verá de antemano su disolución y por ello tendrá que recurrir a los verdugos.

Esta imagen del futuro les parece fantástica solo a los no creyentes. El creyente que conoce las realidades históricas del tiempo de Jesús y de la Reforma sentirá que todo esto tendrá que suceder con seguridad y muy pronto. Pero si estamos tan convencidos de la verdad como tantas veces hemos dicho, entonces viviremos de tal manera que todo esto pueda tener lugar realmente. Por encima de todo, tenemos que llegar a tal grado de reverencia por la actuación del Espíritu Santo que nuestras preocupaciones triviales por asuntos personales —la condición de nuestra salud y nuestras necesidades emocionales— sean sacrificadas en esta llama poderosa.

Todo dependerá de si la última hora nos encontrará como una generación digna de esta grandeza. Y lo único digno de la grandeza de Dios es nuestra disponibilidad para morir por su causa. Así pues, nosotros debemos mostrar esta disponibilidad a morir en los detalles triviales de la vida diaria; de lo contrario, no podremos mantenernos firmes en la hora crítica venidera. Necesitamos superar por completo todos los puntos de vista insignificantes, todas las opiniones y sentimientos puramente personales, todo miedo, preocupación e incertidumbre interior, en pocas palabras, toda incredulidad. En su lugar, debemos poner la fe, que es tan pequeña como una semilla, pero que tiene poder para crecer.

Esta fe está activa en medio de nosotros, por medio de Cristo y el Espíritu Santo. Nosotros la hemos sentido, pero no hemos vivido de acuerdo con ella. Si el Espíritu Santo se ha apartado de nosotros, es porque lo hemos contristado y lo hemos expulsado, porque le hemos prestado poca atención y ninguna reverencia, y le hemos dado más importancia a nuestros asuntos que a los suyos. Entonces todo lo que podemos hacer es pedir el juicio, y creer que este juicio nos preparará por fin para la misión, que podemos ser liberados de todo lo que procede de nosotros mismos. Solo entonces la voluntad de Dios se podrá servir de nosotros.

Que el siglo xx se vea sacudido por el reino de Dios, o simplemente pase de largo, depende en parte de nosotros. Sabemos lo que está en juego; conocemos la voluntad de Dios. Hemos sentido el poder del Espíritu Santo y los poderes del mundo futuro. Así que pongámonos a caminar: ¡ha llegado el momento!

— *Discurso, agosto de 1928*

El mundo entero se está estremeciendo hasta las coyunturas. Tenemos la aterradora impresión de que nos encontramos ante un juicio grande y catastrófico. Si esta catástrofe no tiene lugar, será solo porque lo impide la intervención directa de Dios. Y la iglesia está llamada a mover a Dios —sí, a Dios mismo— para que actúe. Esto no significa que Dios no actúe o no pueda actuar hasta que no se lo pidamos, sino más bien que él espera que las personas crean en él y aguarden su intervención. Porque Dios actúa entre nosotros solo en la medida en que pedimos su acción y la aceptamos con nuestro corazón y nuestra vida. Este es el secreto de la intervención de Dios en la historia.

Blumhardt, pastor alemán del siglo xix, dice que Dios espera que los seres humanos abran brechas. Y de la misma manera que en cada persona hay una pequeña ventana a través de la cual puede brillar la luz de Dios, así sucede también con las naciones. La gran mayoría de las personas no se abren a la grandeza de Dios. En su obstinada impertinencia defienden sus acciones y no las de Dios. Pero donde las personas están plenamente unidas en su espera de Dios, allí él interviene, en la historia de las naciones y de la humanidad. Nadie puede evadirse de esta realidad. Ni siquiera los gobiernos pueden librarse por completo de la intervención de Dios.

Después de que el Espíritu Santo fue derramado, los discípulos tuvieron que esperar la irrupción del reino de Dios. Ellos sabían que el primer signo del reino de Dios sería una ráfaga de viento, el soplo fuerte del Espíritu Santo. Esta ráfaga llegó igual que el viento que precede a la tormenta: un viento recio que rompe la calma y anuncia a todos su presencia. Y el viento que precede a la tormenta es parte de ella. Por ello, resulta claro que la experiencia del Espíritu Santo nunca puede ser un asunto meramente personal. Nunca puede ser privada o subjetiva. No, el Espíritu Santo es la voz de Dios que precede al día del juicio y al día de la redención. Es el viento que anuncia la irrupción del reino de Dios sobre todas las personas y todas las naciones.

Así es como lo entendieron los discípulos en Jerusalén. Y esto es lo que nosotros debemos esperar ahora, para toda la humanidad, para todos los pueblos y naciones, para todas las ciudades y aldeas, para los miles de millones de personas que habitan la tierra. Lo esperamos, no solo para quienes viven ahora, sino también para todos los que han muerto y para los que todavía no han nacido.

Jesús dijo: «Hasta ahora no han pedido nada en mi nombre. Pidan y recibirán», «podrán decirle a esta montaña: "Trasládate de aquí para allá", y se trasladará. Para ustedes nada será imposible», «Cualquier cosa que ustedes pidan en mi nombre, yo la haré». Así que ahora pedimos por cada uno de nosotros y por el mundo entero, para que amanezca el nuevo día a través del derramamiento del Espíritu Santo, para que los cielos sean abiertos, para que desciendan sobre nosotros las llamas del Espíritu Santo.

Entonces toda la tierra se llenará del Espíritu y no habrá leyes. Porque el conocimiento de Dios se desbordará sobre todas las naciones, como agua que cubre la tierra entera. Justamente este es el misterio del nuevo reino: que el Espíritu de Dios, la savia del árbol, la sangre del Hijo, llenará y penetrará todas las cosas. No habrá necesidad de mandamientos y prohibiciones, ni de tablas de la ley. En este reino todo estará ordenado por el nacimiento interior y la inspiración que provienen del señorío del Espíritu.

— Discurso, septiembre de 1935

Bibliografía

Los siguientes libros, escritos por Eberhard Arnold o sobre él, se pueden adquirir en Plough Publishing House, Walden (NY) 12586 (USA). plough.com

Español

Por qué vivimos en comunidad

La nueva edición del ensayo mejor conocido de Eberhard Arnold se publica con dos charlas interpretativas de Thomas Merton, pronunciadas en el Monasterio de la Preciosa Sangre en Eagle River (Alaska) en septiembre de 1968. Una «lectura obligatoria» para cualquier cristiano serio.

La revolución de Dios

Esta antología de selecciones de escritos de Eberhard Arnold (ordenados por temas) reta a los lectores a romper con la sofocante complacencia de la vida convencional. Pero ¡atención! Arnold no ve el discipulado como el camino tranquilo hacia la plenitud religiosa, sino como una revolución, una transformación que empieza dentro, pero que termina penetrando y transformando hasta las dimensiones externas de la vida.

Aquí se encuentra la realidad desnuda del evangelio que tiene el poder de cambiar el mundo.

Inglés

The Early Christians [*Los primeros cristianos*]

Esta colección de fuentes del cristianismo primitivo incluye relatos de primera mano de la vida en la iglesia primitiva redactados por Orígenes, Tertuliano, Policarpo, Clemente de Alejandría, Ireneo y otros, así como también materiales igualmente reveladores de sus críticos y perseguidores paganos. Notas históricas y contextuales sitúan cada escrito, pero no se trata de un libro árido y académico: las selecciones de Arnold, que van desde las apologías y las confesiones de fe hasta los dichos breves, parábolas y poemas, son jugosas y fácilmente legibles.

Innerland [*El mundo interior*]

Como *magnum opus* de Arnold, este libro absorbió sus energías desde 1916, fecha en que publicó el primer capítulo, hasta 1935, el último año de su vida. Guardado en cajas de metal y enterrado de noche para ponerlo a salvo de los nazis, que registraron el despacho del autor un año antes de su muerte, *Innerland* ataca a los espíritus que no solo animaron la Alemania nazi en la década de 1930, sino que todavía animan a nuestra sociedad. Esta fuente de profundidad espiritual invita a los lectores a dar la espalda al caos de una vida aturdida por la violencia y la codicia, y a volverse a ese «mundo interior de lo invisible» donde el ser humano encuentra la fuerza y la paz.

Salt and Light *[Sal y luz]*

Una colección de charlas y ensayos breves sobre el Sermón del monte que nos llama a la obediencia y el arrepentimiento: a la destrucción de lo viejo y la construcción de lo nuevo. El entusiasmo de Arnold no deja espacio para el análisis académico; sus palabras son sencillas, directas y radiantes.

The Individual and World Need
[El individuo y el sufrimiento del mundo]

Este ensayo, que es una de las obras más exigentes de Arnold, explora la relación del individuo con el pecado y el sufrimiento del mundo, y nos encamina hacia una solución. Animado por ilustraciones anecdóticas que van desde el antiguo mito de Prometeo hasta el expresionista Franz Werfel, el mensaje de Arnold es sencillo pero revolucionario: solo venciendo el aislamiento y el individualismo podremos vencer el sufrimiento del mundo y entrar en una vida de unidad y amor.

Eberhard Arnold: A Testimony to Church Community from His Life and Writings
[Eberhard Arnold: un testimonio de la iglesia comunidad a partir de su vida y sus escritos]

Si se busca una introducción a los escritos de Arnold concisa y fácilmente legible, conviene empezar por este libro, que contiene un esbozo biográfico, selecciones de sus obras más importantes y breves recuerdos y testimonios de amigos y colegas.

Against the Wind [*Contra el viento*]

En esta nueva biografía, Markus Baum narra la renuncia de Arnold a la propiedad privada, su rechazo del nacionalismo y el servicio militar, su abominación de la piedad convencional y su amor a los Padres de la iglesia primitiva. Por encima de todo, esta biografía da carne, sangre y personalidad a un hombre, cuya convicción inquebrantable y fe contagiosa le granjearon el odio de unos y la admiración de otros.

A Joyful Pilgrimage: My Life in Community [*Un peregrinaje de gozo: mi vida en comunidad*]

Emmy Arnold había cumplido ya setenta años cuando empezó a escribir su historia, pero los detalles que narra estaban entonces tan vivos para ella como si hubieran sucedido el día anterior. Ahora bien, este libro, escrito por la viuda de Arnold, no está animado por la nostalgia ni por añoranzas sentimentales; más bien está impulsado por la visión de una sociedad construida sobre la justicia y el amor y por el anhelo expectante del venidero reino de Dios.